Miró auf Mallorca

Barbara Catoir

Miró
auf
Mallorca

Prestel

München · New York

Auf dem Einband:
Vorderseite: *Oda a Joan Miró*, Text von Joan Brossa, 1973
Lithographie, 87,5 x 61 cm, Detail (vgl. Seite 103)

Rücken: *Zärtlichkeit eines Vogels*, 1967
Bemalte Bronze, 311 x 111 x 38 cm
Fundació Joan Miró, Barcelona, Detail (vgl. Seite 67)

Frontispiz: Miró zwischen den Leinwänden seines Triptychons
Rot, Grün, Orange, 1963

Die Deutsche Bibliothek – CIP-Einheitsaufnahme

Catoir, Barbara:
Miró auf Mallorca/Barbara Catoir.
München; New York: Prestel, 1995
(Pegasus)
NE: Miró, Joan (Ill.)
ISBN: 3-7913-1478-5

© für die abgebildeten Werke von Joan Miró bei VG Bild-Kunst, Bonn, 1995

© Prestel-Verlag, München · New York 1995
Prestel-Verlag Mandlstraße 26 80802 München
Telefon 089/38 17 09-0 · Telefax 089/38 17 09-35

Einbandgestaltung: F.Lüdtke
A. Graschberger, A. Ehmke, München
Gestaltung und Satz: Wigelprint, München
Lithographie: ReproLine, München
Druck und Bindung: Passavia Druckerei GmbH, Passau
Gesetzt aus der Optima

Printed in Germany

ISBN 3-7913-1478-5 (Deutsche Ausgabe)
ISBN 3-7913-1483-1 (Englische Ausgabe)

»Ich habe Wurzeln in diesem Boden«

Mallorca mit seinem klaren Licht, den frühlingshaften milden Wintern und seiner katalanischen Kultur war Miró von Jugend an vertraut. Seine Mutter stammte von hier, auch seine Frau Pilar Juncosa, mit der er sich 1929 in Palma verheiratete. Auf Mallorca lebten seine Großeltern und weitere Familienangehörige, die er als Kind in den Ferien besuchen durfte. Nicht selten schickte man ihn allein mit dem Schiff nach Palma zur Großmutter – ein Erlebnis, das er als Jugendlicher in einer Reihe von Zeichnungen (Seite 8/9) festhielt. Dank der Genauigkeit, mit der er die Motive wiedergab und sie zusätzlich noch beschriftete, lassen sie sich genau lokalisieren. Es sind die typischen Postkartensehenswürdigkeiten: das Castell von Bellver, die Kathedrale, die alte Börse (Sa Llotja) in Palma, Fischkutter und Segelboote im Hafen, die Windmühlen von Fl Molinar oder die Landschaft an den Hängen von Sóller, der kleinen Stadt im Nordwesten der Insel, wo Verwandte wohnten. Für den jungen Miró war Mallorca ein Synonym für Ferien. Dort fühlte er sich frei, wie er im Alter erzählte: keine Schule, keine Pflichten. Je älter er werde, umso mehr kehre er zurück zu diesen ersten Eindrücken, um am Ende seines Lebens alle Werte seiner Kindheit wiederentdeckt zu haben. Auf Mallorca nahm Miró auch Zuflucht, als 1940 in der Normandie, wohin er sich beim Einmarsch der deutschen Truppen in Paris zurückgezogen hatte, die ersten Bomben fielen, und auch Barcelona für ihn politisch unsicher geworden war. Am 1. April 1939 begann mit dem Ende des Spanischen Bürgerkrieges Francos Diktatur. Aus dem erbitterten Widerstand, den die Stadt Barcelona geleistet hatte, die als letzte Bastion erst zwei Monate vor Kriegsende von den Truppen Francos eingenommen worden war, erklärt sich die Härte, mit der Franco gerade hier vorging. Tausende seiner politischen Gegner wurden verschleppt oder ohne Gerichtsverhandlung erschossen. Die Leichen der Exekutierten warf man in das Massengrab des aufgelassenen Steinbruchs am Montjuïc, dem ›Fossar de la Pedrera‹. Heute ist er eine Gedenkstätte für die Opfer, deren Namen auf hohen Monolithen eingraviert sind. Abertausende flohen ins Exil, u.a. nach Mexiko und in die USA. Auch Miró erwog, in die Vereinigten Staaten zu emigrieren, entschied

Typisch mallorquinische
Landschaft: El Colomer

Palma de Mallorca, *Mole mit Barken*, 1906, Kohle auf Papier

Rechts: Palma de Mallorca, *Castell de Bellver*, 1906, Kohle und Farbstift auf Papier

sich dann aber für Mallorca, das damals zu einem Zufluchtsort vieler Republikaner geworden war. Zwar hatte dort der Bürgerkrieg noch härtere Züge gezeigt als auf dem Festland, nach seiner Beendigung aber bot die Insel mehr Sicherheit als die großen Städte, vor allem als Barcelona. Im Juni 1940 tauchte Miró in Palma unter. Aus Furcht vor Repressalien wohnte er bis 1942 unter größter Geheimhaltung in einem Haus in der Carrer de les Minyones. Er war ein erklärter Gegner Francos, hatte - wie seine Künstlerfreunde Picasso, González und Sert - im Bürgerkrieg auf der Seite der Republikaner gestanden und während deren kurzer Regierungszeit im Pavillon der Spanischen Republik auf der Weltausstellung von 1937 in Paris ausgestellt – in jener legendären Konstellation, die Picassos *Guernica*, Julio González' *La Montserrat*, Alexander Calders Quecksilberbrunnen[1] und sein verschollenes Gemälde *Der Schnitter* zeigte. Als Aufruf zum Beistand der Republikaner verstand er auch seine später als Plakat (Seite 11) vervielfältigte Radierung *Aidez l'Espagne*. Im hohen Alter von 85 Jahren erinnerte sich Miró noch präzise, mit welchen Gefühlen er 1940 die Grenze von Frankreich nach Spanien passiert hatte. »Ich zitterte vor Angst, als der Grenzpolizist überprüfte, ob mein Name auf der schwarzen Liste stünde. Ein Freund fing mich ab, bevor wir den Zielbahnhof Barcelona erreichten, und riet mir, mich auf Mallorca zu verstecken.«[2]

Fest auf Mallorca Fuß zu fassen, dazu entschloß sich Miró aber erst in den frühen fünfziger Jahren. Damals kaufte er ›Son Abrines‹, ein Grundstück oberhalb der Bucht von Palma mit einem Haus, worin zunächst nur seine jung verheiratete Tochter wohnte. Auf dem Anwesen ließ seine Frau sehr bald ein neues Wohnhaus bauen und vor allem er sein großes Atelier. Das hatte er schon lange vermißt, am meisten während seiner Pariser Jahre, als er in kleinen Hotelzimmern, ärmlichen Ateliers von Künstlerkollegen, und - nach seiner Heirat - in winzigen Appartements wohnen und arbeiten mußte. Obwohl er stets unter Enge litt, entstanden in dieser Zeit einige seiner wichtigsten Werke. 1938 schrieb er in dem viel zitierten Aufsatz für die französischsprachige Zeitschrift ›XXe Siècle‹[3]: »Mein Traum ist es, wenn ich einmal imstande bin, mich irgendwo niederzulassen, ein großes Atelier zu besitzen, um Platz zu haben für viele Bilder, denn je mehr ich arbeite, um so mehr wächst meine Arbeitslust. Ich würde mich gerne in anderen Techniken versuchen, in Skulptur, Keramik, in Druckgraphik, und ich möchte eine Presse besitzen. Auch über das kleinformatige Staffeleigemälde will ich, soweit das möglich ist, hinauskommen ..., um durch die Malerei enger mit den Menschen verbunden zu sein. Das hat mich immer beschäftigt.« Auf Mallorca erfüllte sich Miró diese Wünsche geradezu programmatisch. Der erste entscheidende Schritt war der Bau eines geräumigen Ateliers

nach den Plänen seines Freundes Josep Lluís Sert. Mit seinen sichel-förmig geschwungenen Sheddächern, den großen Fenstern, die die Natur mit dem Innenraum verbinden, und den für die mediterrane Bauweise typischen Materialien - unbehauener Bruchstein, weißer Beton, gebrannte Ziegel - trägt es unverkennbar Serts Signatur (Seite 14), nicht unmaßgeblich aber auch die von Miró. In den folgenden Jahren sollte Sert noch zwei Partnerbauten dazu entwerfen: die Fondation Maeght in Saint-Paul-de-Vence und die Miró-Stiftung in Barcelona.

Miró war offensichtlich maßgeblich an der architektonischen Planung zu seinem Atelier beteiligt. Wie viele Künstler, hatte er präzise Vorstellungen, und in Gedanken sein Atelier bereits Jahre früher gebaut. 1941 notierte er in eines seiner Arbeitshefte, wie und aus welchen Materialien dieses Atelier beschaffen sein sollte. »Halte Ausschau nach Materialien, die die Mauern als Teil der Erde, der Landschaft erscheinen lassen ..., aber verwende auch etwas Weiß ... Im Inneren hat es wirklich menschlich und günstig für mein Werk zu sein: die Wände völlig weiß und in einem Material, damit ich überall Dinge aufhängen kann, die mich interessieren.«[4] Selbst das, was vor den Fenstern des Studios gepflanzt und aufgestellt werden sollte, war damals bereits gedanklich festgelegt. Erwähnung findet zum Beispiel ein altes Wagenrad, das noch heute auf der Rückseite des Ateliers gegen eine der Mauern gelehnt steht (Seite 15). Als weiteres Atelier erwarb Miró später auch das oberhalb gelegene alte Landhaus ›Son Boter‹ (Seite 14), eine für Mallorca typische ›masia‹, eine wahre Festung. Mit seinen trutzigen, wehrhaft dicken Mauern aus Bruchsteinen und kantig behauenen Eckquadern, den wenigen Fenstern, die das Tageslicht meist nur durch die Lamellen der geschlossenen Klappläden hereinlassen, sowie seinem großen Rundbogentor repräsentiert es bäuerlichen Familienbesitz. Das Gebäude stammt aus dem 17. Jahrhundert. Seine letzte Besitzerin war eine Baronin von Münchhausen, die darin eine Pension unterhielt, in der einstmals auch Mirós Gäste logierten. Es besteht aus einer überhohen Eingangshalle, von der links und rechts niedrigere Zimmer abgehen, wodurch sich die darüber liegenden Etagen verschieben und ein regelrechtes Schachtelsystem von Räumen und Kammern zulassen. Sie sind von der Eingangshalle über die an ihrem Ende steil nach oben führende Treppe zugänglich. In diesem als ›masia‹ und ›casa pairal‹ bezeichneten Landhaus verkörpert sich der noch heute enge Verband der Familien, einstmals die gesellschaftliche Grundlage der landwirtschaftlichen Produktion. Diese, einem stolzen Katalanen wie Miró vertraute Tradition erklärt,

Aidez l'Espagne, Plakat

weshalb er ausgerechnet in ›Son Boter‹ und nicht etwa in seinem modernen Wohnhaus seine Ahnenbilder aufgehängt hat. Die beiden großformatigen Porträts zeigen seine Eltern: Vater Miquel Miró i Adzaries, Sohn eines Schmieds aus Cornudella, er selbst Goldschmied sowie Uhrmacher, und Mutter Dolores Ferrà, Tochter eines Tischlers aus Palma. Beide präsentieren sich in ihrer gediegenen, vornehmen Kleidung der Jahrhundertwende als Angehörige einer zu Wohlstand gekommenen bürgerlichen Mittelschicht.

Auf dem großen, wunderbaren Anwesen oberhalb der Bucht von Cala Mayor sollten bald drei Generationen der Familie Miró leben – außer Joan und Pilar Miró die jung verheiratete Tochter mit ihren Söhnen. Wenige Jahre nachdem die große Familie dort heimisch geworden war, begann auf Mallorca der Tourismus, der als erstes die große Bucht von Palma überschwemmte. In Cala Mayor oder Illetas wuchsen die Hotels und Appartementhäuser die vom Meer steil aufsteigenden Hänge hinauf. Der Tourismus veränderte in wenigen Jahren die Landschaft und das Leben auf der Insel. Während in den fünfziger Jahren noch der größte Teil der Bevölkerung von der Landwirtschaft lebte, sind es heute nur noch knapp zwanzig Prozent. Wie der mallorquinische Autor Josep Meliá in seinem Buch ›Los Mallorquines‹[5] beschreibt, führte der Fremdenverkehr durch den wirtschaftlichen Aufschwung, den er mit sich brachte, aber auch wesentlich zur Entstehung einer neuen Gesellschaftsstruktur und zum Abbau von Barrieren zwischen den verschiedenen Bevölkerungsschichten und Gruppen. Intoleranz und Xenophobie hätten über Jahrhunderte den Inselgeist charakterisiert – ein Ausgrenzungsverhalten gegenüber allem Fremden und Ungewohnten, das rund hundert Jahre früher auch George Sand in ihrer Reisebeschreibung ›Ein Winter auf Mallorca‹ bitter und spöttisch beklagte.

Vom Anwesen Mirós aus, auf dem sich die vier Ateliers, das Wohnhaus, seit 1992 auch das sternförmige, von Rafael Moneo entworfene Ausstellungsgebäude der Fundació Pilar i Joan Miró befinden, bietet sich ein erster Eindruck von der landschaftlichen Schönheit der Insel. Zwar wurden die angrenzenden Grundstücke – einstmals landwirtschaftlich genutztes Land – zunehmend mit großen Appartementhäusern bebaut und auch die Joan-de-Saridakis-Straße, die hinauf führt zu ›Son Abrines‹, ist heute alles andere als romantisch. Der Besitz selbst aber liegt noch wie eine Oase an steiler Anhöhe auf mehreren Terrassen zwischen Pinien, knorrigen Olivenbäumen, Mandeln, Palmen, Kakteen und hat einen grandiosen Blick zum Meer und zu den Ausläufern der Serra Tramuntana.

Zimmer in ›Son Boter‹ mit dem Porträt der Mutter und einer Photographie Picassos

Typisch für das Landschaftsbild Mallorcas sind die einstmals von den Arabern angelegten Terrassen, die selbst an den steilsten Hängen im Westen und Nordwesten der Insel noch den Anbau von Orangen, Zitronen, Mandeln, Oliven und blühende Gärten ermöglichen. Mauern aus Feld- und Bruchsteinen befestigen die Terrassenanlagen, die nach alter Bauweise ohne Mörtel kunstvoll aufgeschichtet werden. In dieser Art hat auch Miró die Mauern auf dem Gelände von ›Son Abrines‹ herstellen lassen (Seite 17). Sie ist auf den Balearen seit der Talaiot-Kultur nachweisbar, wie unter anderen die etwa tausend kegelartigen Turmbauten zeigen, die rund um die Küste Mallorcas stehen. Bis heute charakterisiert die Bruchsteinbauweise die Tektonik der Insel: niedrige Tancas säumen nahezu alle Straßen und grenzen die Grundstücke voneinander ab, hohe terrassieren die Hänge.

Außenansicht des Ateliers ›Son Abrines‹, das von Josep Lluís Sert erbaut wurde

Das alte Landhaus ›Son Boter‹

Rechts: Miró neben einem Wagenrad in ›Son Abrines‹

Die mörtellosen Mauern und die Funde in den Talaiots-Türmen[6] – die Keramiken und Bronzen, unter anderem drei in Costix entdeckte Stierköpfe, die Miró offensichtlich inspirierten – lassen eine Verbindung mit vorhellenischen Kulturen vermuten. In solchen Relikten und traditionellen Bauweisen, aber auch in den Bräuchen, Sitten und Gegenständen der Volkskunst erfährt man auf Mallorca den Mittelmeerraum als großen Schmelztiegel. Die griechische Besiedlung, die Zeit der Römer, der Christen, der Araber und schließlich die Rückeroberung der Christen haben hier ihre Spuren hinterlassen.

Miró vor seinem Stierkopf, 1975, Bronze

Bronzener Stierkopf aus Costix

Miró und Joan Prats
auf einer Bruchstein-
mauer in Son Abrines

Miró interessierte sich lebhaft für die Kulturen des Mittelmeerraumes. In den Bann zog ihn das Erlebnis der Fruchtbarkeit, das die frühen Kulturen miteinander verbindet – eine als Offenbarung empfundene Fruchtbarkeit von Feld, Vieh und Mensch. Um solche Funde, die ihm Anregung für sein plastisches Werk gaben, zu studieren, besuchte er archäologische Museen. Aber auch in seinem privaten Bereich schuf er sich ein imaginäres Museum, indem er an die Wände seines Ateliers Photographien, Zeitungsausrisse, Abbildungen aus Zeitschriften und Büchern zwischen die eigenen Skizzen heftete.

Die Ateliers Joan Mirós in Cala Mayor

Seit dem Tod von Joan Miró sind seine Ateliergebäude ›Son Abrines‹ und ›Son Boter‹, in Cala Mayor bei Palma Teil einer Stiftung. Die Räumlichkeiten, damals wie heute für das Publikum nicht zugänglich, wirken in der Präsenz ihrer Gegenstände so belebt, als sei der Künstler in ihnen noch tätig oder betrachte sie schweigsam und regungslos, wie es seine Gewohnheit war. Für Miró beinhaltete gerade der Stillstand, die stumme Gegenwart der statischen Objekte ein geheimes Leben. Die scheinbar tote Materie erachtete er als lebendiger denn das Leben selbst. Von daher kommt den Ateliers im Rückblick auf sein Werk größte Bedeutung zu. Die Immobilität war das, was ihn berührte. Er zog sie der Bewegung vor, denn gerade in ihrer Unbeweglichkeit suggerierten ihm die Dinge Bewegung. »Diese Flasche, dieses Glas« – so hört man ihn mit seiner ruhigen leisen Stimme erklären – »sind unbewegliche Dinge, aber sie setzen eine gewaltige

Miró auf der Galerie des
Ateliers ›Son Abrines‹

Bewegung in meinem Geist frei ... Ihr entsprechen in meiner Malerei die funkenähnlichen Formen, die wie aus einem Vulkan über den Bildrahmen springen.«[7] Noch heute hängt über der Galeriebrüstung von ›Son Abrines‹ der blaue Overall, den Miró beim Malen trug, aber die Zeit geht nicht spurlos an diesen Dingen vorüber. Sie läßt sie, wie alles andere auch, ohne Erbarmen altern. Der Zeitpunkt ist absehbar, an dem die Vergänglichkeit der Materialien ihren Tribut fordert und vieles aus seiner angestammten Umgebung verschwinden wird, vor allem die zahllosen Ausschnitte aus Zeitungen und Zeitschriften, die Miró zu seiner Inspiration an Wände, Türen und Klappläden heftete. Noch vergilben sie im hellen großräumigen Atelier ›Son Abrines‹.

Unberührt und unverrückbar erscheinen hier noch all die persönlichen Gegenstände, von der Streichholzschachtel, dem Distelzweig im Glas bis hin zu seinen Kunstwerken. Da stehen auf mehreren Staffeleien

Miró in seinem Atelier
›Son Abrines‹

und gegen die Wand gelehnt auf dem Boden zahlreiche Bilder, klein und großformatige Leinwände, fertige und unfertige. Das entsprach, wie man weiß, Mirós Arbeitsstil. Auf diese Weise hielt er lange noch Kontakt mit seinen Werken, überprüfte sie, korrigierte einige, malte an ihnen weiter oder er zerstörte sie. Dem kritischen Betrachten der Bilder dienten wohl auch die vielen verschiedenen Sitzgelegenheiten, die frei im Raum stehen – die Stühle mit und ohne Armlehnen, die Hocker und die zwei gemütlichen Schaukelstühle. Es sind typisch mallorquinische Sitzmöbel, rustikale cadiras mit Kordelbespannung, hart und unbequem mit extrem niedrigen Stuhlbeinen und hohen geraden Rücklehnen sowie drei oder vierbeinige hölzerne Schemel, in ihrer Verschiedenartigkeit zugleich Relikte einer strengen Hierarchie, die in katalanischen und mallorquinischen Bauern- und Großfamilien herrschte. Die Rangordnung wies jedem Mitglied der Familie sowie den Bediensteten einen bestimmten Stuhltyp zu: den Ältesten die Schaukelstühle, den jüngsten die Schemel.

Mirós ›Pinacoteca‹

Rechts: Atelierwand in ›Son Abrines‹

Knochenmännchen von Alexander Calder

Nach der gleichen planetarischen Choreographie wie die Stühle im Raum sind die Wände mit kleinen Zetteln und Objekten bespickt – mit Fischskeletten, Fossilien, bizarren Wurzeln, bemalten Rinden, Flechtarbeiten, Masken. Kunterbunt nebeneinander Postkarten, witzige Reklamen, Dada-Ideen, Zettel mit absurden Aussprüchen, Photographien von folkloristischen Tänzen und Stierkämpfen, die Miró liebte, sowie aus Zeitschriften herausgerissene Aufnahmen archäologischer Funde, vorwiegend aus dem Mittelmeerraum, aus Zypern, Griechenland, Nordafrika, Sizilien und Kleinasien. In dieser Zettelwelt offenbart sich Mirós Auge, seine besondere Liebe zur plastischen Form, die er sowohl in primitiven Idolfiguren der Kykladeninseln als auch in meisterhaft einfachen Keramiken und Bronzen früher Hochkulturen entdeckte – einer Kunst, die wir noch nicht mit Namen einzelner Künstler verbinden. Auch faszinierten ihn hybride Formen, mit denen frühe Kulturen den Vorrat der Natur zu erweitern suchten. Und immer wieder das Bizarre, wie etwa Alexander Calders Knochenmännchen, das, früh im Tausch von ihm erworben, mitten im Sammelsurium seiner Knochenfunde und Erinnerungsstücke hängt. Jeder scheinbar so beiläufige Gegenstand in diesem Galerieraum ruft Mirós Bekenntnis ins Gedächtnis, er brauche etwas, das ihn einstimmt, intuitiv anregt durch die Atmosphäre, die Form, das Material. Nur das Gefühl bewege ihn. Und dieses ihn Bewegende fand er beiläufig, vielfach im großen Formenreichtum der Natur. Jacques Dupin, der als langjähriger Freund und Chronist Miró auf vielen Spaziergängen begleitet hat, beschrieb, was er an Analogieformen zu seinem eigenen

Schaffen wahrnahm. Detailphotographien von Joaquim Gomis und Francesc Català-Roca zeigen diverse dieser Funde, bevor sie Miró in ein Kunstwerk seiner Art verwandelte, den Schildkrötenpanzer, das Häkchen, mit dem man einstmals die Schuhe zuknöpfte, den Schuhanzieher, die alte Klobrille aus Holz, die Miró noch in ›Son Boter‹ vorfand, das Bügelbrett, das Kummet, die Knochen, Steine, Drähte oder die Hutschachtel aus dem Hutgeschäft seines Freundes und Sammlers Joan Prats, die ihn zur *Uhr des Windes* anregte. In dieser Objektverwandlung war Miró ganz Dadaist und Surrealist. Interessanterweise aber entwickelte Miró seine Assemblageskulpturen nicht unmittelbar aus dem Objekt. Er hielt seine Ideen zuerst in Zeichnungen fest. Nach ihr fügte er die einzelnen Fundstücke zu einer Assemblage flach auf dem Boden zusammen und photographierte sie dann. Der nächste Schritt war die Korrektur auf der Photographie. Erst dann erfolgte die Montage. Kleine Fundstücke und Sammelobjekte verwahrte Miró in seinen als Pinacoteca (Seite 20) bezeichneten Vitrinenschränken auf. Sie überstanden alle Umzüge. Zwei dieser Schränke stehen in ›Son Abrines‹. In ihnen sieht man bizzare Dinge: zum einen verschiedene Knochen von Tieren, einen großen Kieferknochen, ein feingliedriges, filigranes Froschskelett, Brotfiguren, kleine Spielsachen aus Ton und Metall wie einen Schmetterling auf Rädern, zum anderen südamerikanische Tonfiguren mit phallusartigen Pfeifenansätzen und diverse Xiurells, mallorquinische Tonpfeifen in Gestalt von Menschen

Links: *Frau und Vogel*, 1967, bemalte Bronze

Heugabel mit Klobrille und Bügelbrett

und Tieren. Die in bodenlangen Sockelröcken und mit mondsichel-
förmigen Diademen dargestellten Frauenfiguren ähneln kretischen
Fayence-Statuetten, allerdings nur wie bäuerliche Nachkommen
jener schlanken Erscheinungen einer Muttergottheit, in der man wohl
die Fruchtbarkeit verehrte. An die minoische Kultur erinnern zum
anderen die Stiere. Sie gehören mit in dieses bäuerliche Pantheon aus
immer den gleichen Gestalttypen. Der diademgeschmückten Dame
im bodenlangen Rock sind weitere, einfachere Gestalten in mallor-
quinischer Tracht an die Seite gestellt und zwei verschiedenartig ge-
kleidete Herrn – beides Reiter, der eine mit roter Mütze, die Barretina,
die Bauern in Katalonien und auf Mallorca tragen, der andere mit der
das Gesicht verhüllenden spitzen Kapuzenmütze der Büßer, wie man
sie heute noch bei den Prozessionen zur Karwoche sieht (Seite 25).
Ihre Reittiere sind Pferde oder Maulesel.

Diese weißgrundigen Xiurells werden primitiv aus Ton modelliert
und in jeweils zwei oder drei kräftigen Farben Rot-Gelb, Rot-Grün
oder Rot-Grün-Gelb mit Strichen und Punkten bemalt. Wie Griffe
wirken ihre groben Mundstücke, durch die man die Luft bläst, um sie
zum Klingen zu bringen, denn ihre hohlen Körper sind Membranen
und Resonanzböden zugleich. Diese tönenden Skulpturen waren
Miró nicht nur magische Gegenstände. »Ein Xiurell verfügt über eine
magnetische Kraft«[8], beteuerte er. Vergleichbar einem Fetisch, spürte
er ihre Kraft schon im Material, der rauhen weiß gekalkten Tonerde,
die ihn bei seinen eigenen Skulpturen zum Gebrauch von weißem

Tonpfeifenfiguren,
sogenannte Xiurells

Zement anregte. Darüber hinaus liebte er den rauhen Klang, der aus ihrem Innern gleichsam aus mythischen Zeiten dringt. Mehr als alle anderen Gegenstände, mit denen Miró sich umgab, inspirierten ihn diese angeblich durch die Phönizier auf die Balearen gelangten Tonpfeifenfiguren sowohl formal als auch in ihrer einfachen Materialität. Wie diese Xiurells sind seine Skulpturen im Inneren hohl. Eine Reihe von Mirós Plastiken haben unübersehbar ihren Ursprung in diesen Tonfiguren, unter anderem die Skulptur *Miss Chicago* und ihre kleinere Fassung *Mond, Sonne, Stern* für die Miró-Stiftung in Barcelona, desweiteren eine nur 51 cm hohe Figur aus bemaltem Gips, das Projekt für ein Monument aus dem Jahr 1972 (Seite 26).

Die wenigen Varianten an Xiurells, die existieren, hat Miró gesammelt, einige schon als Kind, und sie machten alle Umzüge mit, selbst nach Paris. Frei im Raum und in seinen Vitrinenschränken stehen kleine und große Exemplare, diverse unbemalt, wie man sie heute kaum noch findet. Sie dienten ihm immer wieder als Vorbild für das, was er unter Skulptur verstand. In kaum einem Gespräch blieben sie unerwähnt, schon gar nicht in seinen Skizzen und Arbeitsheften, in die er seine Ideen notierte: »Schütte weiße Farbe über diese Zementmassen, bemale dann dem Material entsprechend lebendig und direkt Teile in

Karfreitagsprozession
in Palma

heftigen Farben, wie man es von den mallorquinischen Pfeifen kennt.«[9] Oder er nimmt sich vor, Formen aus der Natur in Gips nachzubilden und diese dann zu bemalen. Wieder stellt er den Vergleich mit den Xiurells an. In seinem ›Großen Palma-Heft‹ (Gran cuaderno de Palma) aus den Jahren 1940/41 erinnert er sich dieser Figuren sogar, um ein Bild entsprechend einfach auszuführen: »…mit größter Ursprünglichkeit verwirklichen, wie sie den volkstümlichen Malereien und den Xiurells von Mallorca eigen ist.« Miró schätzte das Ursprüngliche auch in den schlichten Gebrauchsgegenständen, die in jedem mallorquinischen Haushalt vorhanden sind: geflochtene Hanfkörbe, handgebundene Besen, rosettenähnliche Lüftungsgitter aus Ton, Holzlöffel in vielen verschiedenen Formen oder einfache landwirt

Balkongitter in Palma

Miró vor dem Modell seiner Plastik *Mond, Sonne, Stern*

schaftliche Geräte, Leitern und große hölzerne Heugabeln, die er wie
nahezu alle diese funktionalen Dinge, in seinen Skulpturen zitathaft
einsetzte. Auf der Galerie von ›Son Abrines‹ steht eines dieser schönen
handgeschnitzten Exemplare und von der Decke hängt eine der wunderbaren Flechtarbeiten aus verblichenen Palmenblättern, eine große
kreisrunde Sonne mit plastisch aufgestickten Augen, Nase, Mund, die
ihm einstmals sein Freund und Sammler Joan Prats schenkte (Seite 29).
An der Wand und in Krüge gestellt entdeckt man weitere solcher
Arbeiten: kunstvoll geflochtene Palmenzweige, die zu Palmsonntag
vor der Kathedrale in Palma verkauft werden und mit denen die Mallorquiner dann jeweils ihre Balkongitter für die Prozessionen in der
Karwoche schmücken. Sie bleiben das ganze Jahr über dort hängen
und verbleichen durch Sonne und Regen zu strohhellen Gebinden.

Nahezu alles, womit Miró seine Phantasie anregte, sich einstimmte, waren typisch mallorquinische Produkte: Kunsthandwerk und einfache Gebrauchsgegenstände. Viele Male hat er in Gesprächen auf sie hingewiesen und betont, daß sie ihm immer wichtiger würden, je älter er werde, zum Beispiel eine einfache Heugabel, die von den Bauern selbst hergestellt werde.

Im Gegensatz zum hellen offenen Atelierneubau ›Son Abrines‹, von dessen Galerie der Großraum, in dem alles zu schweben scheint, wie eine Mirósche Komposition wirkt, ist das einige Terrassen höher gelegene Zweitatelier ›Son Boter‹ eine dunkle Masia mit vielen Räumen ganz unterschiedlichen Charakters. Miró bevorzugte das Haus in den heißen Sommermonaten. Darüber hinaus entstanden dort seine Skulpturprojekte. Die weiß gekalkten Wände benutzte er bis hoch unter die Decke wie einen überdimensionierten Skizzenblock. Photos zeigen die verschiedenen Stadien dieser abwechselnd französisch und katalanisch beschrifteten Entwürfe. Noch heute sind die Wände übersät mit Skizzen und Notaten. Alles dreht sich um sein Urmotiv: Frau und Vogel. Die Frau als Symbol der Fruchtbarkeit, der Vogel als das der Freiheit. Einige dieser Graffiti sind als Ideen zu Skulpturen unmittelbar auszumachen. Wir erleben sie quasi im Zustand nascendi als reine Konturzeichnungen mit erklärender Beschriftung, roh wie die Kunst der Straße. Da ist zum Beispiel eine Skizze mit einer phallus-

Wandskizze in
der Eingangshalle
von ›Son Boter‹

artigen Säule, die Miró halb versteckt unter der Treppe in der großen Eingangshalle als Teil eines Skulpturenpaares mit »Monument à un couple amoureux« bezeichnete. Die Idee der Fruchtbarkeit, der Zeugung entsprach bis ins hohe Alter Mirós künstlerischem Impetus: Fruchtbarkeit als Inbegriff der großen Schöpfungsgeschichte. Die zum 90. Geburtstag im Joan Miró-Park in Barcelona enthüllte vierundzwanzig Meter hohe Skulptur *Dona i ocell* (Frau und Vogel, Seite 75), zu der die Zeichnung unter der Treppe wohl eine Skizze darstellt, ist ihr letztes Symbol. Die kolossale phallusartige Säule ragt in den Himmel wie die Türme der Sagrada Familia, Gaudís unvollendeter Kirche.

Geflochtene ›Sonne‹
im Atelier ›Son Abrines‹

Die große Zäsur:
Bilderzerstörung und Neuanfang

Mit dem Anwesen auf Mallorca beginnt für den Künstler ein neuer Lebens- und Werkabschnitt. Miró ist, als er 1956 in dem, von Sert entworfenen Atelier zu arbeiten beginnt, bereits dreiundsechzig Jahre alt und steht im Zenit seines Erfolgs. Die ersten großen Ausstellungen in den Vereinigten Staaten und Europa liegen hinter ihm, in Venedig hat er gerade den großen Preis der Biennale für Graphik (1954) erhalten und in New York bereitet man im Museum of Modern Art als zweite Ausstellung eine Retrospektive seines Werks vor. Die fünfziger Jahre sind auch das Jahrzehnt, in dem diverse wichtige Publikationen über Miró erscheinen, nach den ersten Monographien in englischer und spanischer Sprache nun auch mehrere deutschsprachige Bücher[10].

Auf Mallorca setzt zu dieser Zeit Mirós umfangreiches und vor allem vielseitiges Alterswerk ein. Der Künstler vollzieht den entscheidenden Schritt zum Dreidimensionalen – zu Keramik und Skulptur – sowie zum Monumentalen. Mit dem großen Format in der Malerei entdeckt er zugleich die Macht der fast monochromen Farbflächen. Von diesem Expansionsdrang profitiert auch sein graphisches Œuvre.

Für die verschiedenen Techniken richtet sich Miró mit den Jahren jeweils verschiedene Ateliers ein: dem lichten Sertschen Gebäude für die Malerei folgen das alte Landhaus ›Son Boter‹ für die Skulptur-Projekte sowie ein ehemaliger Schafstall und ein weiteres Nebengebäude als Werkstätten für Lithographie und Radierung. Mit diesen idealen Arbeitsbedingungen beginnen für Miró rund dreißig produktive Jahre auf Mallorca. Das heißt aber nicht, daß die fieberhafte Tätigkeit sich sofort und ausschließlich in den Ateliers in Palma entfaltet. Im Gegenteil, der neue Besitz schafft eine Zäsur und das bedeutet kritische Distanz auch zu den alten Bildern. Miró nimmt sich als erstes die Werke vor, die er beim Einmarsch der deutschen Truppen in Paris in Sicherheit gebracht hatte und die er jetzt in Palma nach Jahren zum ersten Mal wieder zu Gesicht bekommt. Viele halten seinem kritischen Blick

Miró in seinem Atelier
›Son Abrines‹

nicht mehr stand. »Ich ging durch einen Prozeß der Selbstprüfung. Ich war gnadenlos mit mir selbst, zerstörte viele Bilder, noch mehr Zeichnungen und Gouachen.«[11] Die Zerstörung ist für seine künftige Malerei von großer Bedeutung. Sie macht den Weg frei für einen Neuanfang. Desweiteren übermalte Miró etliche Bilder, unter anderem sein *Selbstbildnis* (Seite 34) von 1937. Damit signalisiert er den neuen Malstil, den er wie eine ironisch interpretierte Korrektur über die alten Bildgründe legt. Die Veränderung äußert sich vor allem in der Unmittelbarkeit der Zeichensetzung, mit der eine Vergröberung des Strichs einhergeht. Die Konturen werden breiter, die Flächen größer, die Kompositionen im ganzen plakativer. Bis 1961 verläßt kein Bild das neue Atelier in Palma. Was dann an die Öffentlichkeit tritt, stellt einen Höhepunkt in seinem künstlerischen Schaffen dar. Eines der ersten Werke ist ein Triptychon, eine Art Hymne, wie es scheint, an Himmel und Meer.

Frauen, vom Flug eines Vogels umkreist, 1941
Rechts: *Tänzerin lauscht dem Orgelspiel in einer gotischen Kathedrale*, 1942-45

Links: *Selbstporträt,* 1937/60

Person in einer Landschaft nahe einem Dorf, Übermalung eines alten Landschaftsbildes, 1965

Links: *Das Gold des Azur,* 1967
Gedicht I, 1968

Silence, 1968

Rechts: *Buchstaben und Chiffren von einem Funken angezogen I,* 1968

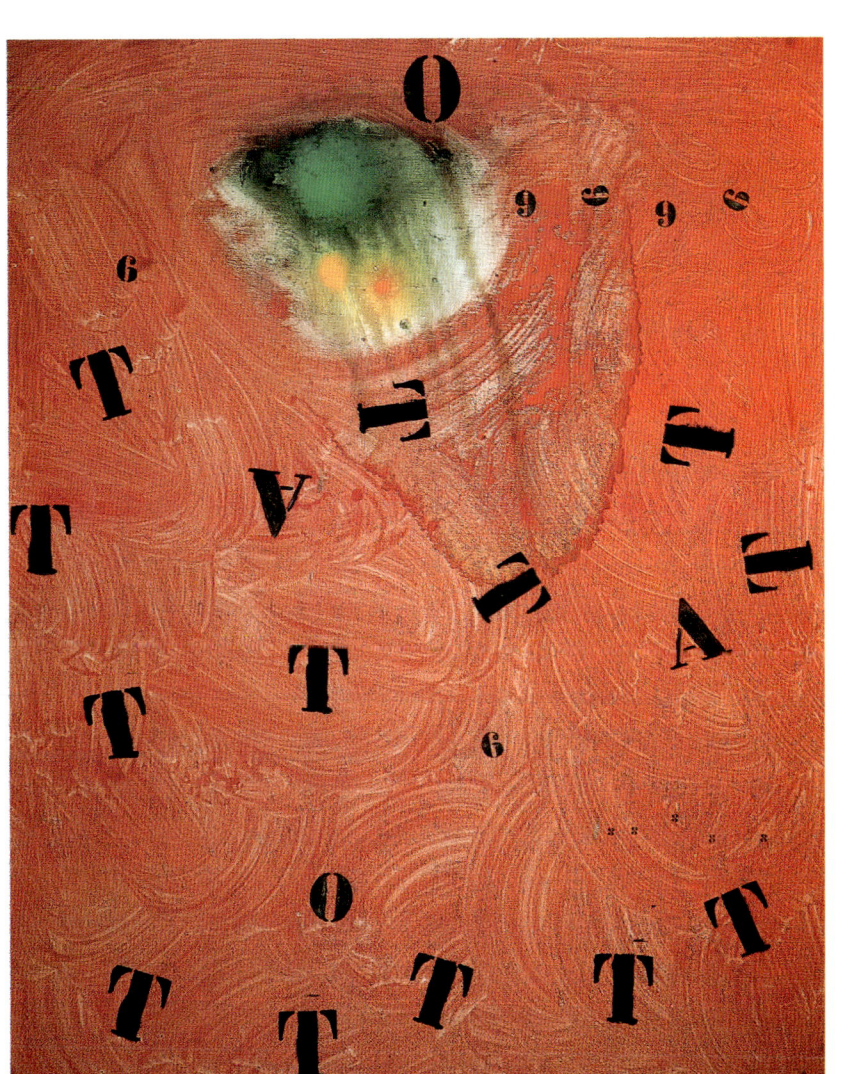

Links: *Frau vom Flug eines Vogels in der Nacht umgeben,* 1968
Mai 1968, 1973

Frau vor der Sonne, 1974
Rechts: Frau vor dem Mond, 1974

Triptychon: *Feuerwerk*, Tafeln I und II, 1974

Triptychon: *Hoffnung eines zum Tode Verurteilten*, Tafeln I und II, 1974

Ohne Titel, ohne Datum

»Das Schauspiel des Himmels überwältigt mich«
Die großen Triptychen

Als Maler fasziniert Miró das klare Licht Mallorcas, das poetische Blau von Himmel und Meer. Poesie, Licht – mit diesen beiden Begriffen faßt er zusammen, was ihm die Insel bedeutet. ›Son Abrines‹, sein ländliches Anwesen mit Blick hinunter zum Meer, ist in den ersten Jahren ein Locus solus wie die vielen einsam gelegenen Fincas, die auch heute noch im Inneren der Insel und an ihren Steilküsten zu finden sind. Hier umgibt Miró Stille, Weite, der Himmel mit seinen Gestirnen sowie das Meer, das in seiner Bläue ohne Horizontlinie in den Himmel übergeht. Dieses Schauspiel der Natur überwältigt ihn. Wer die Insel kennt, weiß, daß der Himmel hier ein besonderer ist, vor allem der abendliche und nächtliche. In den langen wolkenlosen Sommernächten wölbt er sich mit solcher Klarheit und Transparenz über die Landschaft, als sei er die magische Glasglocke, die sie schützt.

Die ersten Bilder, die im neuen Atelier oberhalb der Bucht von Cala Mayor entstehen, haben diese ihn überwältigenden Erlebnisse zum Thema, teilweise kommen sie sogar im Titel zum Ausdruck. 1960 malt Miró das erste Bild zum Thema Einsamkeit *Solitude I*, 1968 das wunderbar poetische Werk *Silence* (Seite 38), ein kalligraphisches Bild, vital in der Farbe und übermütig in den wild über die Leinwand gestreuten schwarzen Lettern, die den Titel *Schweigen* schon wieder fast in Frage stellen. Zeitlich zwischen diesen zwei programmatischen Bildern vertraut er ganz auf die suggestive Wirkung einer entrückenden, immateriell erscheinenden Farbe: Blau, genauer Azur, in allen Nuancen, das ihn schon seit den frühen Pariser Jahren fasziniert. Dieses Blau von Himmel und Meer findet seine künstlerische Entsprechung in dem ersten großen Triptychon, das Miró im neuen Sertschen Atelier auf Mallorca malt. Er nennt es *Les trois bleus*, die drei Blaus. Blau ist die Farbe seiner Träume. Das teilt er uns in einem 1925 in Paris entstandenen poetischen Bild mit. Der darin lesbarer Satz ›Ceci est la couleur de mes rêves‹ verweist auf einen großen blauen Farbfleck am Rande einer sonst leeren Leinwand.

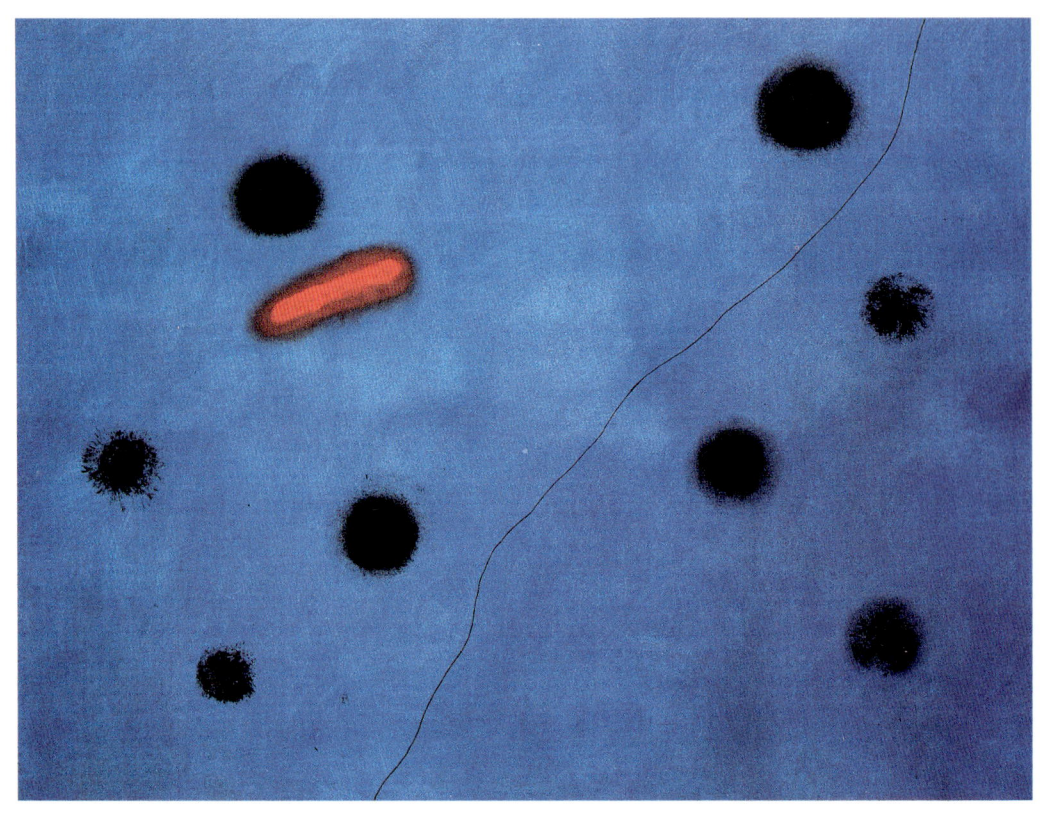

Triptychon: *Les trois bleus,* Tafeln I und II, 1961

Triptychon: *Les trois bleus,* Tafel III

Mit *Les trois bleus* löst Miró den Traum ein. Die Farbe auf der Leinwand wird jetzt zur Realität, die seit Jahren als Vorstellung hinter den geschlossenen Lidern lag. Er kennt sie aus der Erinnerung und baut nun ganz auf ihre poetische Kraft und das, was sie in Spannung hält: einige wenige Zeichen. Drei monumentale Leinwände mit Farbflächen in teils wässeriger, teils üppig dichter Konsistenz bilden in ihrer Gesamtheit einen Farbraum, der den Betrachter in seiner Intensität der verschiedenen Blautöne und spannungsreichen Leere überwältigt. Als Triptychon ist das Werk aus diversen Miró-Ausstellungen bekannt. Aber erst seit 1994 hat es in seiner Dreiheit auch einen festen Platz in einem Museum gefunden. Besitzer ist das Centre Pompidou, dank der Bemühungen von Dominique Bozo, dem es gelang, die drei Leinwände Stück für Stück für das Museum zu erwerben. Das Triptychon ist die Umkehrung des vom Horror vacui geprägten Frühwerks. Kontrapunktisch greifen in seine offenen Bildhorizonte einige glutvolle rote Lichterscheinungen: Streifen und Feuerbälle sowie hartkonturierte schwarze Scheiben und zarte ganz freigesetzte Linien, die jene Raum suggerierende Bläue zu durchziehen scheinen. In dieser poetischen Variante einer vom amerikanischen Colorfield beeinflußten Farbmalerei erleben wir das offene Kunstwerk, das dem Künstler wie dem Betrachter ein Höchstmaß an Freiheit zugesteht.

Das Triptychon *Les trois bleus* ist das erste von mehreren monumentalen, dreiteiligen Bildzyklen. Miró gab auf den Keilrahmen als Datum den 4. März 1961 an. Es ist der Zeitpunkt, zu dem das Werk fertig wurde. Aus Mirós Kommentaren wissen wir, daß er lange an den drei Bildern arbeitete. Erste Skizzen entstanden im Februar 1960. Er selbst verglich seine intensiven Überlegungen mit den Vorbereitungen, wie sie die japanischen Bogenschützen treffen. »Sie beginnen, indem sie sich in den entsprechenden Zustand versetzen: ausatmen, einatmen, ausatmen.«[12] Miró bereitete diese Kompositionen, wie er das immer tat, in Zeichnungen (Seite 54) vor und überprüfte diese lange. Als er dann im Dezember 1960 damit begann, die Farbe in langsamen Bewegungen mit dem Pinsel auf die Leinwände aufzutragen, setzte für ihn eine neue Phase ein: er malte bis zur Erschöpfung. Angesichts der großen Formate von jeweils 270 x 355 cm ist das kaum verwunderlich. Nach Beendigung des Triptychons 1961 gestand er Rosamond Bernier: »Diese Bilder sind die Vollendung all dessen, was ich bisher zu machen versuchte.«[13]

Zwanzig Jahre bevor Miró in seinem großen Sertschen Atelier mit *Les trois bleus* das Schlüsselbild schuf, das sein Spätwerk auf Mallorca

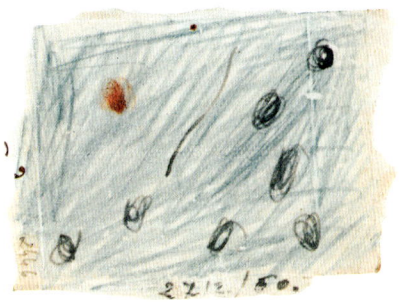

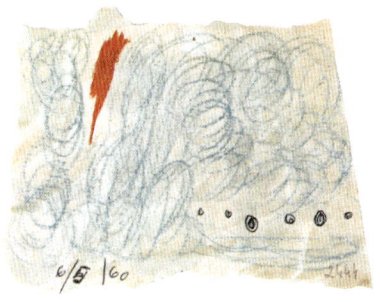

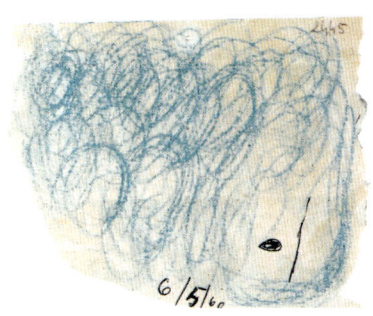

wie auf die knappe Form eines Gedichts zusammenfaßt, hatte er in einer kleinen Wohnung in Palma in Heften präzise festgehalten, welche von seinen Zeichnungen er in Bilder umsetzen wollte und wie dies zu geschehen hätte. Diese kleinen Zeichenblöcke, die später als ›Hefte von Palma‹ in die Miró-Stiftung in Barcelona kamen, entstanden 1940/41, als er aus Angst vor Repressalien in Palma unterschlüpfte. Interessant ist, daß Miró damals das Triptychon gedanklich schon vorwegnahm. Da heißt es zum Beispiel unter genauen Angaben zur Leinwand, die saugfähig zu sein habe, wie der tiefblaue Untergrund herzustellen ist: »die Vorbereitung der Leinwand hat sehr unregelmäßig zu sein, unter Verwendung von Lappen, Scheuerbürsten und den Pinseln, die in Palma zum Kalken der Wände verwendet werden.«[14] Und an anderer Stelle: »Die Leinwände wie beschrieben vorbereiten, sie jedoch mit Weiß grundieren und gleich anschließend, bevor sie trocknen, Preußischblau auftragen unter Verwendung von Scheuerbürste, Lappen, Geschirrspülbürste, Kalkpinsel ..., bis eine tiefblaue Craie-Qualität erzielt ist.« Als weiteres notiert er, was er sich zum Ziel setzt: die Leinwand nicht mit Formen anfüllen, sondern Formen ausmerzen, sie auf das äußerste vereinfachen, zu einer spannungsreichen Leere finden. Leere Räume, leere Horizonte, leere Ebenen machten auf Miró einen großen Eindruck. Er verglich sie mit einem »beredten Schweigen«. Und noch etwas hält er als Forderung fest: Die Graphismen haben Magie, die Formen reine Poesie zu sein.

Zwei Jahre nach *Les trois bleus*, 1963, entsteht das zweite Triptychon: *Grün, Rot, Orange – Malerei für einen Tempel*, 1968 das dritte: *Malerei auf weißem Grund für die Zelle eines Einzelgängers*, 1974 vollendet er zwei weitere: *Hoffnung eines zum Tode Verurteilten* (Seite 46/47) und *Feuerwerk* (Seite 44/45). Die Zyklen sind jeweils für einsame Orte geschaffen: Tempel, Kloster oder Gefängniszelle. Auf die Aura dieser Plätze antworten sie mit poetischer Leere. Miró wollte ein Höchstmaß an Intensität mit einem Minimum der Mittel erreichen. In der Zeitschrift ›Aujourd'hui: Art et Architecture‹ sprach er 1962 von einer meditativen Malerei. »Vor diesen Leinwänden sollte man sich wie in einem Tempel fühlen, wo nichts vom Objekt der Meditation ablenkt.«[15] Zwei dieser Triptychen haben jeweils ein politisches Ereignis zum Thema. Präzise faßbar ist es im Werk *Hoffnung eines zum Tode Verurteilten*. Es erinnert an die mit Erschütterung aufgenommene Hinrichtung des Studenten Puig Antich, eines jungen Anarchisten. Ihn traf das letzte Todesurteil, das unter Franco vollstreckt wurde. Der Name Puig Antich steht als letzter auf einem der Monolithen, die heute die Gedenkstätte für die Opfer der Franco-Diktatur bilden. Die Vollstreckung des Todesurteils hatte in vielen europäischen Ländern eine Welle von Empörung ausgelöst.

Mit seinem festen Wohnsitz auf Mallorca beginnt für Miró auch eine rege Reisetätigkeit. Anlaß sind Ausstellungsprojekte und Aufträge für Wandgestaltungen in Paris, New York, Zürich, Düsseldorf, Rom, London, Mailand, Tokio. Die Reisen bleiben nicht ohne Einfluß auf

Vorbereitende Zeichnungen für das Triptychon *Les trois bleus*

seine Kunst, vor allem nicht die Aufenthalte in den Vereinigten Staaten und Japan. Die Malerei der New York-School – Drip Painting, Colorfield, Lyrical Abstraction – beeindruckt Miró und hinterläßt Spuren in seiner Malerei. In Japan, wohin er zweimal reist, zum ersten Mal 1966 anläßlich einer Ausstellung in Tokio und Kyoto, das zweite Mal 1996, um einen Ausstellungspavillon in Osaka zu gestalten, faszinieren ihn vor allem die Zen-Malerei und die Keramik.

Miró vor dem begonnenen
Triptychon *Hoffnung eines
zum Tode Verurteilten*, 1974

Feuergeburten: das keramische Werk

Der Weg von der Staffelei-Malerei zur großformatigen Skulptur führt
über die Keramik. Durch sie wird der Maler auch zum Bildhauer. In
Mirós frühe Zeit auf Mallorca fällt sein erstes keramisches Großpro-
jekt, die beiden gewaltigen Wandgestaltungen für das neue Unesco-
Gebäude an der Place Fontenoy in Paris. Sie entstehen allerdings
nicht auf Mallorca, sondern in der Keramikwerkstatt von Josep Llorens
Artigas in dem kleinen Gebirgsdorf Gallifa in der Provinz Barcelona.
Die eine, drei mal siebeneinhalb Meter große Wand ist dem *Mond*
(Seite 65), die andere, doppelt so breite, der *Sonne* (Seite 62) gewid-
met, eine Art Referenz an Kalenderbauten alter Hochkulturen, wie sie

Miró und Artigas
betrachten die
Höhlenmalereien
von Altamira

die Sonnen- und Mondpyramiden von Teotihuacan darstellen. Miró holt sich Anregungen und, wie er sagt, auch Bestätigung aus der Kunstgeschichte, er sucht sie unter anderem in den Höhlenmalereien von Altamira, die bis dahin noch als die ältesten Wandmalereien galten. In Begleitung des Keramikers Llorens Artigas und des Photographen Francesc Català-Roca reist er nach Santillana del Mar. Gemeinsam besichtigt man auch Gaudís phantasievolle Gartenarchitekturen mit den keramischen Scherbeninkrustationen im Park Guëll in Barcelona. Die Technik der zerscherbten Keramik wendet Miró aber erst 1960 bei einer Großplastik an: dem zweieinhalb Meter hohen ›Portikus‹ für das Guggenheim Museum in New York. In den Kompositionen für das Unesco-Gebäude, der *Sonnen-* und der *Mondwand*, verarbeitet Miró verschiedene Erlebnisse, die er durch Photographien auch belegen läßt: die prähistorischen Höhlenmalereien (Seite 57), die von der Feuchtigkeit teilweise schon zersetzten romanischen Fresken in der Kirche von Santillana und ein Kompositionselement Gaudís aus dem Parc Guëll, eine große, aus dem Fels gehauene Scheibe. Desweiteren

Portikus, 1960

tauchen unter neuen Vorzeichen auch seine *Konstellationen* wieder
auf – der Werkkomplex der zweiundzwanzig Sternenbilder, den Miró
1941 auf Mallorca abgeschlossen hatte, ohne sich jedoch thematisch
davon zu verabschieden. Der Himmel mit seinen Gestirnen bleibt bis
zu seinem Tod einer seiner großen Themen.

Mit der Sonnen- und Mondwand läßt Miró die kleinteiligen Kompositionen der Staffeleibilder hinter sich, vor allem die enge Vernetzung
aus Linien und Punkten, in die er noch die ›Konstellationen‹ einband.
Das große Format verlangt nach plakativen großflächigen Formen
und einer spannungsreichen Leere der Bildgründe. Diese werden
jetzt durch die Brandspuren der Holzfeuerung in den Muffelöfen auf
ganz neue Weise belebt. Künstlerisch und technisch stellen die bei-

den Wände eine gewaltige Herausforderung für Miró und Artigas dar. Über die Schwierigkeiten berichtet der Künstler in einem Text, der im Sommer 1958 in ›Derrière le Miroir‹ in Paris erscheint.

Das Großformat erfordert andere Techniken, andere Materialien, sehr viel mehr Brennvorgänge und permanente Veränderungen hinsichtlich des ursprünglichen Entwurfs und seiner Ausführung. Allein fünfunddreißig verschiedene Brennvorgänge wurden notwendig, um die gewünschten Farben zu erzielen und die Wetterbeständigkeit der Kacheln zu garantieren. »Jeder Schritt in der Entwicklung des Werks«, so Miró, »verlangte Korrekturen. Wie die Übertragung vom Entwurf auf dem Papier zum Ton, machte jede weitere Vergrößerung entscheidende Veränderungen von Form und Farbe notwendig.« Mit der Tätigkeit eines Alchimisten verglich er vor allem das, was in Artigas' Verantwortung lag: die richtigen Sorten von Tonerde zu finden, die Sandsteinglasuren und die Farben zusammenzustellen. »Diese Suche war schöpferisch, weil sie die Kombination vieler natürlicher Elemente verlangte: Feldspat von Palamos, Ton von Alcañiz, Sand von Fontainebleau, metallische Oxyde, Kupfer, Kobalt, Uranium, ect., verschiedenster Provenienz und in Mengen und Proportionen, die uralte Geheimnisse darstellen, Geheimnisse, die verloren gingen, durch Artigas Wissenschaft und Intuition aber wiederentdeckt wurden.«[16] Eine weitere Schwierigkeit, von der Miró berichtet, betrifft das Format, das er rein körperlich kaum bewältigte: das Zeichnen der Linien bei fünf bis sechs Meter langen Motiven. Sie verlangten nach einer großen Bewegung und durften nicht an Dynamik verlieren. Da das mit einem Pinsel nicht mehr zu bewerkstelligen ist, benutzte Miró einen der primitiven Besen aus Palmenblättern, die auf Mallorca noch heute in Gebrauch sind. Die Kacheln werden auf dem Boden bemalt, so daß sich ihre Wandwirkung nicht wie bei einem Staffeleibild während der Entstehung überprüfen läßt. So stellen sich während der Arbeit immer wieder neue Probleme. Ihre Feuerprobe bestehen die Unesco-Keramikwände in doppelter Hinsicht. 1958, noch im Jahr ihrer Fertigstellung, erhält der Künstler dafür aus der Hand des amerikanischen Präsidenten Eisenhower den Guggenheim Preis (Guggenheim International Award).

In Artigas Werkstatt in Gallifa erobert sich Miró ein weites künstlerisches Betätigungsfeld. Er erkundet ein Terrain, das für ihn zwar nicht absolut neu ist, denn erste Keramiken bemalte er bereits 1944/45, ihn aber erst nach 1953 und prononcierter noch nach Abschluß seiner ersten großen Keramikwand 1958 zu faszinieren

Miró bemalt die Keramikwand für das Kunsthaus Zürich in Gallifa. Photomontage von Català-Roca

beginnt. Er entdeckt die Keramik zunächst als eine neue Form von Malerei, eine Malerei in Verbindung mit Erde und Feuer, später auch als Skulptur, Form als Feuergeburt. Der Kampf mit den Elementen fordert ihn heraus und die Vielfältigkeit des Materials, der Techniken sowie Verfahren begeistert ihn so sehr, daß in den folgenden anderthalb Jahrzehnten ein umfassendes keramisches Œuvre entsteht. Von den rund vierhundert Werken stammen rund dreihundert aus den fünfziger und sechziger Jahren. 1959, zu einem Zeitpunkt, als er sich mitten in einer gewaltigen Produktion unterschiedlichster Art befindet: von Steingut, Fayencen und großen Skulpturen aus Schamotte-Ton erklärt er einem Freund, dem Dichter Yvon Taillandier, was ihn an der Keramik besonders fesselt: die Leuchtkraft, der Kampf mit den Elementen Erde und Feuer und das Unvorhersehbare als Schreck und Überraschung. Die Keramik ermöglicht es Miró auch, alte Fundstücke – einen Schildkrötenpanzer, Tierskelette, Wurzeln, all das, was er mit den Jahren zusammengetragen und in seinen Assemblage-Skulpturen umgesetzt hat – in Ton nachbilden zu lassen, um die so multiplizierten Teile in Skulpturen miteinander zu kombinieren. Das Nachbilden besorgt ihm der junge Sohn Artigas. Auf diese Weise entstehen in den sechziger Jahren zahlreiche Plastiken. Das Resultat begeistert ihn so, daß er Keramiken jetzt auch in Bronze gießen läßt, selbst einige aus den Jahren 1944/45. Andererseits reizt es Miró,

Detail der *Sonnenwand* für das Unesco-Gebäude

Gebrauchsgegenstände wie Vasen und Teller, die Artigas nach seinen Vorstellungen auf der Töpferscheibe dreht, zu bemalen. Und selbst Steine, Felsen, die er am Ort vorfindet, bemalt er und läßt sie brennen, wie er andererseits Steine in Schamotte-Erde imitiert.

Sieben große Wände schließen in den siebziger Jahren das keramische Werk ab: die Wandkeramiken für die Ausstellung in Osaka (1970), das Flughafengebäude von Barcelona (1970), das Kunsthaus Zürich (1971/72), die Cinemathek in Paris (1972), das IBM-Gebäude in Barcelona (1976), die Universität von Kansas in Wichita (1977) und den Palacio de Congresos y Exposiciones in Madrid (1980). Seine letzte Arbeit mit Artigas und sein letztes großes Kunstwerk kurz vor seinem Tod 1983 ist die Monumentalskulptur *Frau und Vogel* im Miró-Park von Barcelona. Mit ihren zerscherbten Keramik-Inkrustationen ist sie zugleich seine letzte große Geste der Huldigung an den von ihm stets bewunderten Antoni Gaudí, in dessen Werk er viele Gemeinsamkeiten mit seiner eigenen künstlerischen Arbeit erkannte.

Links: *Kürbis mit Mondvögeln,* 1956
Wand des Mondes, Ausschnitt,1957/58

Die Gabel, 1963
Rechts: *Zärtlichkeit eines Vogels,* 1967

Kopf und Vogel, 1967

Rechts: *Der Vogel nistet auf den blühenden Fingern,* 1969

Person und Vogel, 1968

Rechts: *Person auf drei Füßen,* 1967

Uhr des Windes, 1967
Rechts: *Gotische Figur,* 1974

Mond, Sonne und Stern, 1968
Rechts: *Frau und Vogel,* 1981/82

Die Natur als Maßstab

Miró trat gern in engen Kontakt zu dem Ort, an dem er seine Werke schuf. Zu ihm entwickelte er einen lebhaften, dauerhaften und in gewisser Weise auch mythischen Dialog. An den verschiedenen Plätzen fand er künstlerische Anregungen und einen Maßstab für seine Kunst. Je ausdrucksstärker, gewaltiger die Natur sich ihm darbot, um so mehr fühlte er sich herausgefordert. Die Kunst mußte in ihr Bestand haben. Er prüfte sie, indem er sie in die Natur stellte, selbst seine Bilder. Nach eigener Aussage haben ihn grandiose Landschaften wie die schroffen Felsen von Gallifa mehrfach dazu bewogen, Änderungen vorzunehmen. Auf andere Weise suchte Miró ihre Verschwisterung in der Assemblage-Skulptur, indem er Steine, Wurzeln, Knochen als Teil der Natur zu Teilen seiner Kunst machte oder Steine, Kuh und Ziegenhäute bemalte. Über die Naturmaterialien und Formen wollte er eine Ursprünglichkeit zurückgewinnen, die er bei den Naturvölkern bewunderte: Kunst als Schöpfung, die sich nicht als Artefakt gegen die Natur stellt, sondern aus ihr hervorgeht wie ein Fetisch.

Bei der Olivenernte

Die Schlucht ›Torrente de Pareys‹

Miró war ein leidenschaftlicher Spaziergänger. Auf seinen Spaziergängen entdeckte er die Landschaft und das, was in ihr die Natur und der Mensch an bizarren Formen als Treibgut und Abfall zurücklassen. Nicht selten schleppte er die seltsamsten Fundstücke (Seite 79) mit nach Hause: »Ich finde alle meine Dinge auf dem Land oder am Strand, Teile eines Ankers, eines Schwertfischs, Gummiteile. Sie kommen auch alle in meinen Kompositionen vor...«. So sehr den Maler Miró das klare Licht und die klaren Farben Mallorcas faszinierten, so sehr inspirierten ihn als Bildhauer die Formen, wie sie ihm unter anderem die vielseitige Landschaft der Insel bot. Mallorca ist eine Insel der Gegensätze aus fruchtbarem Land mit ockerroter Erde und kahlen Gebirgsketten, weiten hellen Sandbuchten und schroffen hohen, zum Meer steil abfallenden Felsküsten mit engen Schluchten. Ihre Fruchtbarkeit erhält sie aus dem günstigen Klima mit den milden Wintern und einem Boden, in dem dank eines alten, von den Arabern einstmals angelegten Bewässerungssystems – den Windmühlen und Windrädern, die das Grundwasser aus der Tiefe schaufeln – die Zitrusbäume zweimal im Jahr Früchte tragen und zu ihrem größten Schmuck auch noch gleichzeitig blühen. Die Gegensätze der Land-

›Cuenas de Artá‹,
Tropfsteinhöhle im
Osten der Insel

schaft sind wie ein Spiegelbild des Miróschen Temperaments. Sie entsprechen dem schnellen Wechsel und den harten Brüchen, die sein Werk charakterisieren. Das Phantasievoll-Heitere lag bei ihm immer ganz nah an den Abgründen. In hohem Maße zeigen das die Skulpturen. In den sechziger und beginnenden siebziger Jahren schuf Miró parallel zu den heiteren, popfarbigen Objektskulpturen dunkle, schroffe Bronzen von der Rohheit einer ›art brut‹ und dem Schrecken einer inneren Sicht: verwest wirkende, fratzenhafte Mensch-Tier-Gestalten. Die Skulpturen sind sehr viel unversöhnlicher als seine Malerei, die er im Vergleich, nicht ganz zu Recht – als eher konventionell beurteilte. Mit der Skulptur hingegen wollte Miró eine wahrhafte Phantasmagorie von lebenden Monstern kreieren.

1941, in den Wirren des Zweiten Weltkrieges, entwarf er als Sinnbild einer aus den Fugen geratenen Welt in Gedanken ein großes Studio, um derartige Skulpturen darin versammeln zu können. In der großen *Barcelona-Suite*, einer Graphikserie von 1944, werden sie sichtbar: Köpfe mit schlund- oder raubtierartigen Riesenmäulern. Als lebendige Monster in Gestalt von Großmarionetten lernen wir sie am Ende seines Lebens auch noch einmal auf der Bühne kennen. Zeitlich dazwischen aber verirrt sich ihre Spezies in einem Labyrinth.

Verschiedene Fundstücke, die Miró zu Skulpturen anregten

Das Labyrinth

Anfang der sechziger Jahre bietet sich Miró ein neues wunderbares Projekt: der Skulpturengarten für die Fondation Aimé und Marguerite Maeght in Saint-Paul-de-Vence. Wieder ist der Architekt der Stiftung Josep Lluis Sert, der für seinen eigenwilligen Bau sogar ein ähnliches Terrain wie auf Mallorca vorfindet: Blick auf Berge und das in der Ferne liegende Meer. Auch Miró findet für seine Skulpturen vertrautes Gelände vor: einen Terrassengarten wie jenen, der zu ›Son Abrines‹ und ›Son Boter‹ gehört. Für ihn entwirft er ein Ensemble von dreizehn Einzelwerken, das später als *Labyrinth Miró* in die Literatur eingeht. Es vereint letztlich sein gesamtes Formenrepertoire von der schmalen hohen, totemähnlichen Skulptur (*Die Gabel*), der Wandkeramik, der Bodenplatte (*Scheibe*), dem Portikus (*Der Bogen*) bis zur Plastik, die er getreu der islamisch-maurischen Tradition auf einen Sockel inmitten eines rechteckigen Wasserbeckens stellt (*Das Ei*). Er vereint darüber hinaus sein Universum aus Sonne, Mond, Vogel, aus Riesen und Monstren. Vorbild für dieses Labyrinth ist Gaudís grandioser ›Park Güell‹ in Barcelona, ein Gesamtkunstwerk aus Natur, Architektur und Skulptur, vergleichbar dem ›Heiligen Wald‹ von Bomarzo bei Rom, diesem Phantasiereich des Manierismus mit seinen in Stein gehauenen Monstren und Riesen, von denen die Natur wild Besitz ergriffen hat.

Miró arbeitet nach dem poetischen Prinzip der Collage und Assemblage. »Die Dichter«, hatte er einmal im Rückblick auf den surrealistischen Kreis in Paris bekannt, »interessierten mich mehr als die Maler«. Wie Worte und Silben zum Material für den Poeten werden, sind es für ihn die Fundstücke, die Steine, Knochen, Wurzeln, Mandeln, Kleiderhaken, Schachteln, Kordeln, Büchsen, Löffel, deren Bedeutung und Funktion er aufhebt und verändert, indem er die Objekte immer wieder anders, das heißt zu neuen Kombinationen zusammenfügt und sie so mit neuen Assoziationen füllt. Miró dichtet ohne Worte, allein mit der Form der organischen und funktionalen und dem Material, das allerdings aufgegeben wird, wenn die Skulpturen in verschiedenen Größen und Techniken wie Bronze, Zement, Keramik oder Eisen ausgeführt werden. Die fünf Meter hohe Skulptur aus geschmiedetem Metall im Skulpturengarten der Fondation

Teilansicht des *Labyrinths*, Fondation Maeght, Saint-Paul-de-Vence

Maeght aus dem Jahr 1963 findet auf diese Weise vier Jahre später eine Partnerin aus bemaltem Eisen auf einer der Dachterrassen in der Miró-Stiftung in Barcelona. Dort steht die plakativ bunte, über drei Meter hohe Riesendame *Zärtlichkeit eines Vogels* (Seite 67). Beide Werke bestehen aus zwei gleichen Versatzstücken, einem Bügelbrett und der Klobrille, die Miró im alten Landhaus in ›Son Boter‹ vorfand. Anstelle des Sonnenhuts, den er der kessen Mallorca-Urlauberin als Kopf aufsetzt, montiert er bei der ersten Fassung eine Heugabel, die in ihrem diagonalen Verlauf an den Flügel einer Windmühle erinnert. Eine Verbindung zwischen beiden Stiftungen stellt er auch mit den 1968 aus Carrara-Marmor gemeißelten Vogelskulpturen her: in Saint Paul Vence steht der *Mondvogel*, in Barcelona der *Sonnenvogel*. Die Idee der Zweiheit aus einem männlichen und einem weiblichen Teil charaktierisiert das gesamte Werk von Miró. Auf diese Weise findet etwa auch die Skulptur mit der Hand ein Pendant in einer zweiten Arbeit mit einem Fuß.

In nahezu allen Werken des *Labyrinths* lassen sich Assoziationen zur Landschaft und Kultur Mallorcas erkennen: Der *Mondvogel* variiert die Idee der mallorquinischen Xiurells, die keramische Bodenplastik *Scheibe* die der Sonnenuhr, von denen es auf der Insel noch rund eintausend gibt – mehr als in jeder vergleichbaren Gegend in Spanien – , die Stele mit der Heu- oder Mistgabel setzt ein Zeichen für die Fruchtbarkeit des Bodens, den auf Mallorca die Windmühlen und Windräder garantieren, und schließlich ist das obligate Wasserbecken, vom Künstler bei zahlreichen Skulpturen als Spiegelfläche genutzt, ein Relikt aus der islamischen Kultur. Für einen Halbmallorquiner wie

Miró gehört sie zur Kultur dieser Insel, denn fast fünfhundert Jahre war Mallorca unter maurischer Herrschaft und erlebte damals eine Blütezeit. Vieles tradierte sich aus dieser Epoche der Emire, obwohl nur wenige muslimische Bauwerke erhalten blieben. Sie wurden nach der christlichen Rückeroberung in blindem Eifer zerstört. Einen Eindruck von der legendären Gartenkunst mit den Wasserspielen gibt noch Alfàbia. Wie der Name des kleinen Palais' sind auch zahlreiche Ortsnamen auf Mallorca noch heute arabisch. Verborgen hielten sich Reste dieser einstmals hohen Kultur in der Volkskunst, der Volksmusik mit ihren orientalischen Klängen, in Bräuchen, selbst in der Mentalität der Inselbevölkerung und vor allem im Bauhandwerk. Diverse Details im Architektonischen lassen das erkennen, u.a. die Hohlziegelbauweise, mit der Mauern ornamental unterbrochen und Balkongitter hergestellt werden, sowie bunte Kacheln als architektonisches Ornament. Sie wurden als Stilelement von diversen spanischen, vor allem katalanischen Architekten des Modernismo wiederentdeckt, von Gaudí, Domenèch i Montaner, Puig i Cadafalch, unübersehbar auch von Miró in seinem keramischen Werk, am deutlichsten in der auf dem Podest inmitten eines Wasserbeckens stehenden Keramiksäule.

In seinen tagebuchähnlichen Aufzeichnungen erwähnte Miró die wunderbar einfachen Tongefäße und Kacheln, wie sie heute noch nach alten Mustern in Felanitx auf Mallorca hergestellt werden. Der Ort geht, worauf sein arabischer Name schließen läßt, auf die Araberzeit zurück. Damals war er ein Zentrum der Azulejo-Herstellung, der Kacheln, die als Schmuck der Architektur noch heute den Baustil auf der Insel charakterisieren. Sie zieren seit Jahrhunderten Paläste wie einfache Landhäuser. Man sieht sie an den Wänden der großzügigen Eingangshallen, an den Treppenaufgängen und Unterseiten der Balkone sowie in Form von bemalten Dachziegeln, die ornamental und in Treppenreliefs übereinander geschichtet, die breiten Dachvorsprünge schmücken.

›Mori el Merma‹ – Tod dem Tyrannen
Die letzten Theaterentwürfe Mirós

Miró liebte das Theater als einen Ort der Poesie und Magie, wie ihn generell Musik, Tanz, Pantomime und die Arena der Artisten faszinierte: Zirkus und Stierkampf. Beim Stierkampf konnte man Miró häufig unter den begeisterten Zuschauern antreffen, ebenso im Theater bei Avantgarde-Aufführungen. Der Aspekt des Theaters interessierte ihn auch als Expansion seiner Malerei und führte ihn über die Erfahrung des Bühnenraums zur Großplastik, von denen einige sogar unmittelbar auf Bühnenentwürfe zurückzuführen sind, unter anderem die Skulpturen für La Defénse bei Paris, für die eine Kulisse aus ›Jeux d'enfants‹ von 1932 Pate stand, dem ersten von Miró allein gestalteten Bühnenbild für ein Ballett von Diaghilev. Zwei der insgesamt fünf Ballette oder pantomischen Schauspiele, für die Miró die Bühnenbilder, Kostüme und meistens auch das Plakat schuf, fallen in

Plakat für ›Mori el Merma‹

seine Zeit auf Mallorca, aber nur eines der Stücke kam dort auch zur Aufführung: ›Mori el Merma‹ (Tod dem Tyrannen). Am 7. März 1978 wurde es im Teatro Principal de Palma uraufgeführt und genau drei Monate später am 7. Juni 1978 im Teatro del Liceo in Barcelona wiederholt. Für dieses Haus hatte Miró rund fünfzig Jahre früher zusammen mit Max Ernst seine erste Ausstattung für ein Ballett Diaghilevs geschaffen.

›Mori el Merma‹, eine politische Groteske mit monströsen Gestalten, basiert auf Alfred Jarrys ›Ubu Roi‹, der Symbolgestalt eines machtbesessenen, von niederen Instinkten geleiteten Usurpators. Jarry entwarf sie bereits als Schüler für ein grotesk-makabres Puppenspiel, später ließ er in Paris den Ubu Roi und seine Hofgesellschaft von Akteuren spielen, die sich wie Marionetten zu bewegen hatten. Damit gab er nicht nur ein Vorbild auf dem Weg zum absurden Theater. Er setzte eine Symbolgestalt in die Welt und lieferte in einem Holzschnitt auch gleich ihre Physiognomie mit: *Le véritable portrait de Monsieur Ubu* erschien 1896. Die Kugelgestalt mit der das Gesicht verhüllenden Kapuzenhaube, zu der er, wie später auch Miró eine Mère Ubu entwarf, wurde zu einer bekannten literarischen Gestalt, die später von einer Reihe von Künstlern als Kunstfigur übernommen wurde. Bonnard, Picasso, Max Ernst, Dubuffet ließen sie weiterleben, vor allem

Stierkämpfer in der Arena von Muro auf Mallorca

Rechts: Miró vor einem Stierkampf-Plakat in Inca

aber Miró, der sie in seiner Phantasie weiterspann und sowohl als monströse Skulptur (Seite 92) neu erfand, als auch in Gestalt einer von Akteuren gespielten Großmarionette auf die Bühne zurückbrachte. Aus Monsieur Ubu wurde Merma. Das ist der katalanische Begriff für Diktator. Der Titel ›Mori el Merma‹ hat seinen Ursprung in einer katalanischen Variante alter Mysterienspiele. So, wie sich die Gestalt des Hanswurst als ›Colacho‹ trotz Einspruch der katholischen Kirche in bestimmten Gegenden Spaniens bis heute erhalten hat – etwa in Castrillo de Murcia in der Provinz Burgos[17], wo er während der Messe zu Fronleichnam seinen burlesken, den Klerus verulkenden Auftritt hat –, so gibt es als volkstümliche Rolle in der Fronleichnamsprozession in Vic, einem Ort nördlich von Barcelona, auch noch den Tyrannen. Er ist eine der Riesenfiguren, die in Umzügen durch die Straßen getragen werden, und der dort von Kindern mit den Zurufen »Mori el Merma«[18] zu Fall gebracht wird.

Der Zeitpunkt, zu dem das Stück von der katalanischen Schauspieltruppe des ›Teatre de la Claca‹ in Spanien aufgeführt wurde, gab ihm einen real politischen Bezug. Als diese unter der Regie und Mitwirkung von Joan Baixas und Teresa Calafell Ende des Jahres 1976 mit der Einstudierung der Pantomime begann, lag der Tod Francos ein Jahr zurück, und selbst 1978, als die Groteske schließlich zur Aufführung kam, ließ die Reaktion des Publikums keinen Zweifel aufkommen: die Botschaft wurde verstanden. Man feierte mit ›Mori el Merma‹ die Rückkehr Spaniens zur Demokratie nach sechsunddreißig Jahren Diktatur.[19]

Das Spiel auf der Bühne ist eines ohne Worte. ›Mori el Merma‹ erhält seine Sprache allein aus der Physiognomie der Riesengestalten und aus der Gebärde, den Bewegungen und Haltungen, die sie vollführen und voreinander einnehmen. Während der Proben beschwor sie Miró mit Gesten und Worten: »Meine Gestalten müssen sich wie Tiere bewegen, nicht wie Personen...Die Bewegung der Tiere ist faszinierend.« Dabei ahmte Miró, wie sich Baixas[20] erinnert, mit der Hand die Bewegungen von Insekten nach und sprach von Magie. Miró hatte bei seinen Entwurfszeichnungen sowohl die kleinen witzigen Illustrationen Jarrys zu seinem Marionettenspiel ›Ubu Roi‹ als auch die traditionsreichen ›Gigants‹ vor Augen, die Riesenpuppen, mit denen in Katalonien bei Umzügen Geschichte und Legenden volksnah illustriert werden. Wie die Gigants sind die Kostüme übergroßen Handpuppen vergleichbar, Stoffskulpturen, die von einem oder mehreren Schauspielern getragen und bewegt werden. Ein

›Gigants‹, Riesenpup-
pen bei einem Umzug
in Barcelona

35minütiger Film von Francesc Català-Roca, der im März 1977 in
einem alten Theatersaal in Sant Esteve de Palautordera entstand,
dokumentiert, wie Miró diese nach seinen Entwürfen gefertigten
weißen Groteskfiguren mit der Geste eines Zauberers zum Leben
erweckte. Er bemalte sie selbst, wie er auch die riesigen Bühnenvor-
hänge ohne jede Assistenz mit einem großen Besen bemalte, roh wie
Straßentransparente für eine Demonstration. Schweigsam sieht man
ihn mit großer Konzentration den Pinsel führen oder einen Eimer mit
Farbe in Partien über die weiß gekalkten Groteskgestalten schütten,
unter denen bereits die Schauspieler wie Pferde unter festlichen
Schabracken verharrten.

Nach der Uraufführung in Palma wurde das Plakat für ›Mori el
Merma‹ in einer Nacht und Nebelaktion beschmiert, das heißt der
Name Miró mit schwarzer Farbe ausgekreuzt und mit dem Kommen-
tar ›Chueto‹ versehen. Chueta ist die mallorquinische Bezeichnung
für Jude, Chueto ihre Vulgärform als Schimpfwort. Der Vorfall, den

Miró und Català-Roca immerhin für so wesentlich hielten, daß sie ihn durch eine Photographie dokumentierten, wirft ein Schlaglicht auf ein dunkles Kapitel der mallorquinischen Geschichte. Es wurde von mehreren Autoren gerade in den sechziger Jahren aufgegriffen, zu einem Zeitpunkt, als der beginnende Tourismus half, Intoleranz und Xenophobie, die sich auf der Insel hartnäckig hielten, weiter abzubauen. Auf Mallorca gab es bis Mitte dieses Jahrhunderts starke Ressentiments

Oben und rechts: Miró beim Bemalen seiner Riesenfiguren für ›Mori el Merma‹

Beschmiertes Plakat für ›Mori el Merma‹, auf dem Miró als Jude bezeichnet wird

gegen die konvertierten Juden, die bis dahin auch eine in sich geschlossene Bevölkerungsgruppe auf der Insel darstellten und regelrechten Diskriminierungen ausgesetzt waren [21]. Die gegen sie gerichteten Ressentiments waren ein Relikt der spanischen Inquisition, die ihre Macht und Verfolgung auf der Insel bis fast in die Mitte des 19. Jahrhunderts ausüben konnte. Durch sie wurden auch viele der konvertierten Juden verfolgt. Das legt unter anderen der mallorquinische Autor Miquel Forteza dar, ein Dichter, den Miró aus der Zeit vor dem Spanischen Bürgerkrieg kannte und sehr schätzte. In dem 1966, wenige Jahre vor seinem Tod erschienenen Buch ›Els Descendents dels jueus conversos de Mallorca‹ (Die Nachkommen der konvertierten Juden von Mallorca) berichtet er über inquisitorische Methoden,

die eine dauerhafte Diskriminierung der Juden zur Folge hatten. Auch noch nach 1837, als auf Mallorca endlich die Inquisition abgeschafft wurde, hingen fünfzehn große Bildtafeln von als Ketzern verurteilten konvertierten Juden im Kreuzgang des Klosters Santo Domingo, wo 1691 auf dem Höhepunkt der Inquisition die grausamen Hinrichtungen stattgefunden hatten. Dort konnte sie – wie Forteza und andere mallorquinische Autoren berichten – jeder nach seinem sonntäglichen Gottesdienst besichtigen. Selbst die Nachkommen erfuhren davon noch aus den Erzählungen ihrer Großeltern und Eltern. Zu den fünfzehn Gebrandmarkten, deren Bildnisse mit Angaben von Name, Geburtsdatum und Datum der Hinrichtung versehen waren, gehörte neben einem Forteza, Fuster, Cortès, Pico und anderen auch ein Miró. Diese Bildnisse (Sambenets), wie generell die Inquisitionslisten, sollten selbst in unserem Jahrhundert noch Bedeutung haben. 1942, auf dem Höhepunkt der Judenverfolgung im Nazideutschland, ergingen Nachfragen an das bischöfliche Archiv in Palma bezüglich dieser Listen. Das wurde der Bevölkerung nach Kriegsende durch die Publikation eines Buches über die Inquisition auf Mallorca bekannt. In ihm waren zum ersten Mal auch die vollständigen Ketzerlisten veröffentlicht. Für ein Inselvolk ein interessantes Register. Die Erstauflage des Buches war in Kürze verkauft, wie überdies auch das von Forteza. Um dieses Kapitel abzuschließen, sei erwähnt, daß der Name Miró auf Mallorca wie auf dem Festland weit verbreitet ist. Allein im Telefonbuch von Barcelona gibt es heute etwa 500 Eintragungen, ebenso viele auf der Insel.

La Mère Ubu, 1975,
Bronzefigur

›Ubu aux Baléares‹ –
Ubu flieht auf die Balearen

In der Miró-Stiftung in Barcelona befindet sich aus dem Besitz des Künstlers ein 1921 in Paris erschienenes Exemplar des ›Ubu roi‹, auf dessen Buchseiten sich Zeichnungen und Notizen Mirós befinden.[22] Miró verehrte die Phantasie Alfred Jarrys und mit ihr die literarische Gestalt des Monsieur Ubu. Für Jarry war sie zu einer Lebensaufgabe geworden – mehrere Theaterstücke und ein illustrierter Almanach sind ihr gewidmet –, für Miró stellte sie ein Thema dar, das ihn über Jahrzehnte immer aufs neue beschäftigte, zunächst in mehreren Zeichnungen und Skizzen. Ubu wurde zur zentralen Figur in einem burlesken Bestiarium, das lange bevor es 1978 mit ›Mori el Merma‹ auf die Bühne trat, im ›Großen Projekt‹ heranreifte. Miró verband mit diesem Projekt etwas Szenisches in der Nachfolge des ›Ubu roi‹, ein Satyrespiel, eine Parade grotesker Monstren, für deren Auftritte und

Kämpfe er möglicherweise die Arena oder das Zirkuszelt vor Augen
hatte. Die Geburt des Miróschen Ubu fällt in die Zeit des Spanischen
Bürgerkriegs, sein Tod auf der Bühne in das Jahr, als Spanien zur
Demokratie zurückkehrte. Ubu thematisiert auch drei Graphikserien
in Buchform, die Miró auf Mallorca entwarf: 1966 ›Ubu roi‹, 1971
›Ubu aux Baléares‹ und 1975 ›L'Enfance d'Ubu‹. Alle drei wurden in
Paris von Tériade verlegt. Während er mit seinen 13 Farblithographi-
en zu ›König Ubu‹ noch Jarrys gleichnamiges Theaterstück illustrier-
te, erfand er die folgenden Bild-Geschichten dazu: ›Ubu auf den
Balearen‹ mit einem wild über die Seiten torkelnden Text in französi-
scher Sprache – eine Art Bänkelgesang, Poesie der Straße – beschreibt
und illustriert die Flucht des Herrn Ubu nach Mallorca, während ›Die
Kindheit von Ubu‹ dem Thema entsprechend kindliche Bildphantasie
mit anonymen mallorquinischen Reimen kombiniert. ›Ubu aux
Baléares‹, ein Buch mit 23 ganzseitigen Lithographien, davon sieben
Seiten kalligraphiertem Text (Seite 96), und ›L'Enfance d'Ubu‹ mit 24

Links: Aus ›Ubu Roi‹,
1966, Lithographie

›Ubu aux Baléares‹,
1971, Lithographie

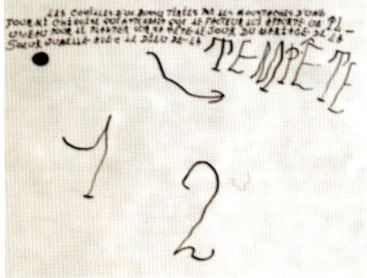

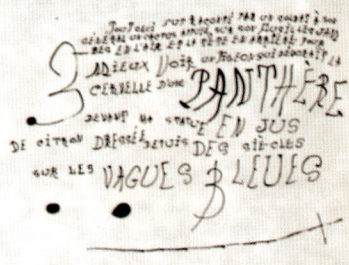

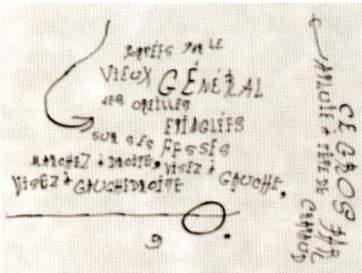

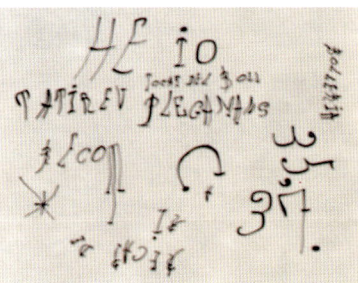

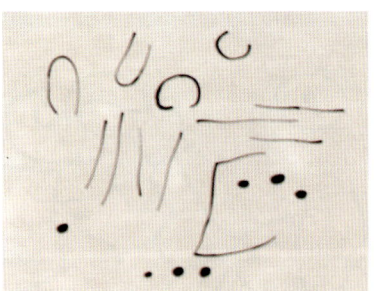

Lithographien sind in Titel und Text eine Referenz an den Dichter, Zeichner, Erfinder des absurden Theaters und einer die Realität ad absurdum führenden ›Paraphysik‹, jener »Wissenschaft der imaginären Lösungen«, wie Jarry sie definierte, »Wissenschaft des Besonderen, der Gesetze, die die Ausnahmen bestimmen«.[23] Apollinaires Bemerkung, die geringsten von Jarrys Kindereien seien Literatur, trifft in übertragenem Sinne auch für Mirós Bildgeschichten zu. Seine burlesken Strichmännchen-Anekdoten sind aus dem Geist der Comics entstanden, überragen diese aber natürlich durch den poetisch-satirischen Einfall und schwungvollen, genialen Strich. Mirós Erfindungsgabe tritt in allen drei Büchern in Erscheinung. Für jeden Bildzyklus setzte er eine andere Technik ein. Bei den Lithographien zu ›Ubu aux Baléares‹ betonte er beispielsweise den Stein, indem er durch den porösen Strich des Buntstifts das rauhe Material durchscheinen ließ. Vorbild war die Kunst der Straße, das Sgraffito , bei den Arbeiten zu ›L'Enfance d'Ubu‹ bevorzugte er eine beschwingte Pinselzeichnung in leuchtenden Gouache-Farben. Der ersten der drei Serien hingegen, den 13 Lithographien zu ›Ubu roi‹ gab er den Charakter von Malerei. Plakativ bunte Figuren erscheinen vor einem jeweils farbigen Hintergrund (Seite 94).

Zeitlich dazwischen, 1973, entstand die Serie *Mallorca*, ein Radierzyklus mit neun Blättern, die einzige Graphikfolge überdies, die auf Mallorca ihren Herausgeber fand (Seite 99). Ediert wurde sie von der Galerie Sala Pelaires in Palma. Im Gegensatz zu den Lithographien ist der Strich nicht mehr schwungvolle Kontur, sondern gibt in seiner ausgefransten Schwärze das zerstörerische Element der Gravur zu erkennen: die Härte des Materials, in die er sich mit Schraffuren und Durchstreichungen eingräbt. Ein Gegengewicht schaffen die plakativen Farbfelder in Rot, Blau, Gelb, Grün. Miró begann sein graphisches Œuvre in den dreißiger Jahren in Paris, aber erst in den Vierzigern entdeckte er, welche Variations- und Kombinationsvielfalt ihm die verschiedenen graphischen Techniken boten. Mehr als in der Malerei und der Skulptur kommen in der Graphik sein Erfindungsreichtum und sein handwerkliches Interesse zum Ausdruck. Auf das Handwerkliche konzentrierten sich auch immer wieder seine Äußerungen und vor allem die Notizen in seinen Arbeitsheften. Mit Leidenschaft experimentierte er. Die ständige Erneuerung war sein Garant des Lebendigen und seine Schranke gegen die Virtuosität. In diesem Sinne versteht sich seine Maxime: »Bleibe Amateur!«. Lithographie, Radierung, Holzschnitt, Aquatinta, Linolschnitt, Monotypie

Kalligraphien zu
›Ubu aux Baléares‹, 1971

nutzte er mit immer neuen Erfindungen. Alle nur erdenklichen Materialien und Instrumente waren ihm dafür recht. Zum Einsatz kamen als Druckstöcke selbst zerdrückte Sardinenbüchsen, als Substanzen körniger Zucker, Harztropfen, Lacke, die er mit den Fingern auftrug, als Werkzeuge Besteck, Kämme, Instrumente aus der Zahnmedizin oder aus der Werkstatt seines Vaters, der Uhrmacher war.

Mit seinem Umzug nach Mallorca aktivierte Miró seine graphische Produktion, die in den siebziger Jahren mit rund einem Dutzend illustrierter Bücher und mehr als 300 Graphiken einen Höhepunkt erreichte. Entscheidend trug dazu auch Aimé Maeght bei, der für die Künstler seiner Galerie 1959 eine Druckerwerkstatt im südfranzösischen Levallois eingerichtet hatte. Damit erweiterte sich der Kreis der Drucker und Verleger, mit denen Miró jetzt abwechselnd in Paris, Genf, Barcelona, Levallois und Palma zusammenarbeitete. In schneller Folge erschienen diverse Graphikserien, Lithographien für Plakate sowie Graphikmappen und Buchillustrationen, vor allem zu Gedichten befreundeter französischer und katalanischer Autoren. Eines der umfangreichsten Buchobjekte ist der 1958 publizierte Gedichtband Paul Eluards ›A toute épreuve‹, zu dem Miró 80 Holzschnitte entwarf (Seite 101). An Zyklen schuf Miró – außer den erwähnten – unter anderem 1960 sechs Aquatinten in Schwarz-Weiß, die, wie der Titel *Les géants* besagt, das Motiv der Riesen aufnehmen. Miró allerdings gestaltete es so frei, daß man darin keinen unmittelbaren Bezug zu den volkstümlichen Riesenpuppen, den ›Gigants‹ aus Katalonien erkennt. Die Riesen erscheinen als dicke Umrißzeichnungen vor einem Over-all-Hintergrund im Stil von Pollocks Tropfbildern. Desweiteren entstanden 1971 für seinen Freund und Sammler Joan Prats eine Serie von 15 Farblithographien, für René Chars ›Le Marteau sans maître‹ 1976 allein 25 Radierungen mit Aquatinta und für Patrick Waldbergs 1980 publizierte Erzählung ›La Mélodie acide‹ 14 Lithographien.

Mallorca Suite, Graphikfolge von 1973

Peut-il se reposer celui qui dort
Il ne voit pas la nuit ne voit pas l'invisible
Il a de grandes couvertures
Et des coussins de sang sur des coussins de boue.

Sa tête est sous les toits et ses mains sont fermées
Sur les outils de la fatigue
Il dort pour éprouver sa force
La honte d'être aveugle dans un si grand silence.

Aux rivages que la mer rejette
Il ne voit pas les poses silencieuses
Du vent qui fait entrer l'homme dans ses statues
Quand il s'apaise

Bonne volonté du sommeil
D'un bout à l'autre de la mort.

Links: ›L'Enfance d'Ubu‹, 1975, Lithographie
Holzschnitt zu ›A toute épreuve‹ von Paul Eluard, 1958

Latido II, 1968, Lithographie

Rechts: Lithographie zu ›Oda à Joan Miró‹ von Joan Brossa, 1973

H.C.

Geteilte Liebe: Barcelona – Palma
Die beiden Miró-Stiftungen

Joan Miró verbrachte rund dreißig Jahre seines Lebens auf Mallorca. Dort starb er auf seinem großen paradiesischen Anwesen oberhalb der Bucht von Cala Mayor neunzigjährig am 25. Dezember 1983. In Palma aber liegt Miró nicht begraben. Seinem Wunsch entsprechend wurde der Sarg in seine Geburtsstadt Barcelona überführt und auf dem Friedhof am Montjuïc[24] beigesetzt. Nicht weit davon entfernt steht als eines der originellsten Gebäude Barcelonas die ›Fundació Joan Miró‹, die mit rund 10.000 Werken[25] den größten Teil seines Œuvres besitzt. Als sie der Künstler 1972 ins Leben rief, beauftragte er seinen Freund, den Architekten Josep Lluís Sert, das geeignete Haus dafür zu entwerfen. Innerhalb von drei Jahren entstand so der rhythmisch gegliederte weiße Betonbau an den bewaldeten Hängen des Montjuïc.

Miró-Stiftung in
Barcelona

Frau, 1972, Bronze

An seiner Ostseite steht vor dem grandiosen Panorama von Stadt und Meer auf einem Podest inmitten eines Wasserbeckens die Skulptur *Mond, Sonne, Stern* (Seite 74), eine ironisch interpretierte Muttergottheit mit Sockelrock und gabelförmiger Krone, halb Miss Barcelona, halb Fruchtbarkeitsgöttin wie aus dem minoischen Kreta. In ihrer heidnischen Anmut antwortet sie von der Anhöhe des Montjuïc – dem Jupiter oder Judenberg[26] – der kolossalen Christusstatur, einem technischen Betonguß auf dem Tibidabo, dem Berg im Norden der Stadt. Wie viele von Mirós Skulpturen, existiert auch diese in verschiedenen

Größen: Die 3,75 Meter hohe für die Stiftung in Barcelona ist das Modell[27] für die 1981 in Chicago installierte Monumentalskulptur *Miss Chicago*. Die zweite Miró-Stiftung liegt nur fünfundzwanzig Flugminuten von Barcelona entfernt: die 1981 in Palma gegründete Fundació Pilar i Joan Miró – wie der Name besagt, ein Legat auch seiner Ehefrau. Die Aufteilung des Werks auf zwei Städte, zwei unabhängige Stiftungen, beide wie Burgen auf Anhöhen gelegen mit freiem Blick auf eine sich dem Meer hin öffnende Hafenstadt, spiegelt Mirós geteilte Liebe. Aufschlußreich allerdings ist, wie verschieden er die Städte bewertete. Barcelona, die rund 1,7 Millionenstadt, der sehr viel wichtigere Ort für die Rezeption seines Werks, erhielt mit der Fundació Joan Miró eine umfangreiche Sammlung in einem wunderbaren Museum; Palma[28] hingegen, bedeutsamer für sein künstlerisches Schaffen, mit der Fundació Pilar i Joan Miró sein Anwesen ›Son Abrines‹, auf dem er die letzten drei Jahrzehnte lebte und einen Großteil seine Œuvres schuf. Zu einem ganz wesentlichen Teil ist diese Stiftung der Ort selbst – ein magischer Platz, den man wie ein Orakel befragen kann. Er besteht aus dem rund 11000 m² großen Landbesitz mit den vier Ateliergebäuden und allem, was sich in ihnen befand und noch heute befindet: späte Kunstwerke, sein künstlerisches Werkzeug, Photographien, Geschenke, Briefe und eine Fülle von Arbeitsdokumenten, unter anderem die Objekte, die er sammelte. So sehr der Künstler auf diesem Anwesen gegenwärtig ist, in der Stadt Palma verlieren sich schon seine Spuren. Nach Werken von ihm muß man suchen. Bei einem Spaziergang durch die Altstadt begegnet man zwei dunklen Bronzen: einer ganz abstrakten am Platz Pío XII, mit dem Titel *Frau* (Seite 105), und einer gnomenhaften *Figur* im Park S'Hort del Rei. Im Parc de la Mar stößt man desweiteren auf eine Keramikwand, die ein Töpfer nach einem Bild Mirós ausführte. Und schließlich gibt es noch eine nach dem Künstler benannte Straße: die große Avinguda Joan Miró, eine der Schnellstraßen, die im Süden aus der Stadt herausführen in Richtung Cala Mayor. Miró erfuhr auf der Insel erst spät Anerkennung. Als er sich 1956 als bereits international bekannter Künstler auf Mallorca niederließ, kannte ihn dort kaum jemand. Daran änderte sich auch in den folgenden zwölf Jahren wenig. Er mußte fünfundsiebzig Jahre alt werden, um auf Ratsbeschluß zum Ehrenbürger der Stadt ernannt zu werden, und fünfundachtzig, um die Goldmedaille der Stadt zu erhalten. Eine von Miró 1970 für den Parc de la Mar entworfene Großplastik aber wurde von eben diesem Rat der Stadt abgelehnt.

Lebensstationen

1893
Joan Miró wird als Sohn eines Goldschmieds am
20. April in der Pasaje del Crédito in Barcelona
geboren.

1901
Aus diesem Jahr stammen die ersten erhaltenen
Zeichnungen Mirós.

1905
Es entstehen erste Zeichenhefte, die Miró
während der Ferien in Curnudella und Palma de
Mallorca anfertigt.

1907
Besuch der Handelsschule in Barcelona. Parallel
dazu immatrikuliert sich Miró an der Kunstakade-
mie La Lonja.

1910
Er schließt seine Ausbildung an der Handelsschule ab, beginnt als Gehilfe in der Verwaltung eines
Handelshauses in Barcelona zu arbeiten und
bricht seine künstlerischen Studien ab.

Miró als Schüler, 1908

1911
Innere Auflehnung gegen den kaufmännischen
Beruf führt zur Krankheit. Die Genesungszeit verbringt er in Montroig, wo sein Vater gerade ein
großes Bauernhaus auf dem Land gekauft hat.
Dort faßt er den Entschluß, sich künftig nur noch
der Malerei zu widmen.

1912
Er kehrt nach Barcelona zurück und schreibt sich
an der Kunstschule des Francesc Galí ein, wo zur
gleichen Zeit Enric Cristòfol Ricart, Josep Francesc
Ràfols, Joan Prats und Josep Llorens Artigas studieren, die gute Freunde werden. In der Zusammenarbeit mit Artigas entsteht später Mirós gesamtes keramisches Werk. Miró malt seine ersten
Ölbilder.

Die Eltern, die Schwester und der
neunjährige Joan, 1902

1913

Miró verläßt die Kunstschule von Francesc Galí und schließt sich 1918 dem Künstlerkreis von Sant Lluc an. Dort trifft er wieder mit Joan Prats zusammen, der Mirós bester Freund und später auch sein wichtigster Sammler wird.

1914

Spaniens Neutralität im ersten Weltkrieg veranlaßt Künstler aus dem Ausland, sich zeitweilig in Barcelona niederzulassen. Miró mietet zusammen mit E.C. Ricart in der Nähe der Kathedrale von Barcelona (Carrer Sant Pere Més Baix 15) sein erstes Atelier.

1916

Erster Kontakt mit dem Kunsthändler Josep Dalmau in Barcelona.

1917

Miró lernt in den Galerien Dalmau Francis Picabia kennen, der damals in Barcelona die dadaistische Zeitschrift ›391‹ herausgibt. Er befreundet sich mit dem Dichter Salvat Papasseit, für dessen Zeitschrift ›Arc Voltaic‹ er ein Titelblatt zeichnet.

1918

Miró hat seine erste Einzelausstellung in den Galerien Dalmau in Barcelona mit 60 Werken (16.2.-3.3.). Die Ausstellung bleibt ohne Erfolg.

1918/19

Es entstehen Landschaftsbilder und die beiden wichtigen Gemälde *Frauenakt mit Spiegel* und *Selbstbildnis*.

1920

Im März reist Miró zum ersten Mal nach Paris. Er hält sich dort bis Ende Juni auf und besucht fast täglich den Louvre. In Paris trifft er auch Picasso und zeigt ihm das im Vorjahr entstandene Selbstbildnis, das Picasso erwirbt. Im Mai beteiligt sich Miró am Festival Dada. Im Herbst stellt er 2 Bilder auf dem ›Salon d'automne‹ in Paris aus.

1921

Zweite Reise nach Paris. Der Bildhauer Gargallo überläßt ihm sein Atelier in der Rue Blomet 45 für die Wintermonate. Sein Nachbar in der Rue Blomet, wo sich regelmäßig Künstler und Literaten

treffen (u.a. Michel Leiris, Robert Desnos, Antonin Artaud, Jacques et Pierre Prévert, Yves Tanguy, Raymond Queneau) ist André Masson. Bei ihm lernt er auch Paul Klee kennen. Durch Vermittlung von Picasso besuchen ihn die Kunsthändler Paul Rosenberg und Daniel-Henry Kahnweiler. Miró lernt die Dichter Tristan Tzara, Pierre Reverdy, Max Jacob kennen, mit denen er sich anfreundet. Ende April erste Einzelausstellung in Paris (Galerie La Licorne), die mit einem Mißerfolg endet.

1922-23

Er verbringt jeweils das halbe Jahr in Paris und Montroig. Lernt Ernest Hemingway, Ezra Pound und Henry Miller kennen.
1923 tritt er in den Kreis von Aragon, Breton, Eluard, Soupault und Georges Bataille, den Protagonisten der Zeitschrift ›Littérature‹, ein. Malt die letzten Bilder in realistischem Stil.

1924

Von März bis Juni in Paris. Erlebt das erste Theaterstück von Raymond Roussel, ›L'Etoile au front‹, und den Skandal, den es auslöst.
Im November erscheint das ›Erste surrealistische Manifest‹ von Breton. Miró schließt sich der surrealistischen Gruppe an. Liest Jarry und Lautréamont. Malt seine ersten poetischen Bilder mit lesbaren Wörtern vor fast monochromen Malgründen.

1925

Im Juni Einzelausstellung in der Galerie Pierre mit 13 Bildern und 15 Zeichnungen. Die Einladung ist von allen Mitglieder der surrealistischen Gruppe signiert. Großer Publikumserfolg. Raymond Roussel kauft eines der Bilder aus der Ausstellung.

1926

Erste Zusammenarbeit mit dem ›Russischen Ballett Diaghilews‹. Teilt sich mit Max Ernst in die Entwürfe der Bühnenbilder und Kostüme des Balletts ›Romeo und Julia‹, das am 4. Mai in Monte Carlo Premiere hat. Tod des Vaters in Montroig. Beteiligung an einer internationalen Ausstellung in Brooklyn.

1927

Bezieht ein neues Atelier am Montmartre. Seine Nachbarn sind Pierre Bonnard, Max Ernst, Hans Arp, René Magritte und Paul Eluard.
Illustriert ein erstes Buch: ›Gertrudis‹ von J.V. Foix.

1928

Reise durch Holland. Besuch der wichtigen
Museen. Nach Postkartenabbildungen holländischer Gemälde entstehen seine *Holländischen
Interieurs*. Im gleichen Jahr erster Besuch des Prado in Madrid. Lernt Alexander Calder und Alberto
Giacometti kennen. Erste Collagen und Objekte.
Große, erfolgreiche Ausstellung in der Galerie
Bernheim in Paris mit 41 Werken.

1929

Heiratet in Palma de Mallorca Pilar Juncosa und
zieht mit ihr nach Paris. Malt die Reihe der *Imaginären Porträts*. Zahlreiche Collagen und Zeichnungen entstehen.

1930

Erste Einzelausstellung in New York in der Valentine Gallery. In Paris stellt er zusammen mit Masson, Max Ernst und Man Ray anläßlich der Präsentation des Films ›L'Age d'or‹ von Buñuel und
Dalí aus. Geburt der Tocher Maria Dolores in Barcelona.

Dieses bekannte Photo Mirós schuf Man Ray 1931

1931

Weitere Objektmontagen und Objektbilder entstehen. Sie finden die Aufmerksamkeit des Choreographen Leonid Bassine vom Russischen Ballett in
Monte Carlo, der ihn bittet, die Bühnenbilder, Kostüme und Requisiten in Gestalt von Spielsachen
für ›Jeux d'enfants‹ zu entwerfen.

1932

Erste Ausstellung in der Galerie Pierre Matisse in
New York, die das Werk Mirós künftig regelmäßig
ausstellt. Calder besucht Miró in Montroig und
führt dort den Dorfbewohnern seinen Zirkus vor.

1933

In Barcelona entstehen eine Reihe großformatiger
abstrakter Bilder nach Collagen. Erste Radierung,
Daphnis und Chloe, für die Zeitschrift ›Minotaure‹
und erste Radierungen für einen Gedichtband von
Georges Hugnet. Befreundet sich mit Kandinsky,
der ihn 1935 in Katalonien und auf Mallorca
besucht.

1934

Einzelausstellung im Kunsthaus Zürich. Erste Entwürfe für Tapisserien. Es entstehen Collagen auf
Schmirgelpapier und große Pastelle auf Sandpapier, mit denen eine heftige Phase beginnt, die die
Schrecken des bevorstehenden Spanischen Bürgerkriegs erahnen läßt.

1936

In Montroig entstehen 27 Bilder auf Masonit, bei
denen Miró Sand, Teer und andere unübliche
Materialien einsetzt. Verläßt Spanien wegen des
beginnenden Bürgerkrieges und lebt nun ganz in
Paris. Beteiligt sich an der großen Ausstellung
›Fantastic Art, Dada, Surrealisme‹ im Museum of
Modern Art in New York.

1937

Die Architekten Josep Lluís Sert und Lluís La Casa
beauftragen Miró mit einem Wandgemälde für den
Spanischen Pavillon bei der Weltausstellung in
Paris. Er malt das 5,5 x 3,65 Meter große Bild *Der
Schnitter oder der katalanische Bauer in Revolte*,
das nach der Ausstellung verschwunden ist. Im
gleichen Pavillon waren zu sehen: Picassos *Guernica* und sein Radierzyklus *Traum und Lüge Francos*, von Gonzalez die Skulptur *La Montserrat*,

von Alexander Calder der *Quecksilberbrunnen*. Entwirft die Graphik *Aidez l'Espagne* nach dem Motiv des Schnitters. Stellt in Japan auf dem ›Salon von Tokio‹ aus.

1938
Verbringt den Sommer in Varengeville-sur-Mer in der Normandie, wo er für seinen Freund, den Architekten Paul Nelson, Wandmalereien herstellt.

1939
Sieg Francos über die Republikaner und Beginn der Diktatur in Spanien. Miró mietet sich ein Haus in Varengeville und bleibt dort bis Mai 1940. Malt die beiden Serien *Varengeville* auf Sackleinen.

1940
Beginnt in Varengeville mit der Bildserie *Konstellationen*, die er 1941 in Spanien abschließt. Das Vorrücken der deutschen Truppen zwingt ihn, nach Spanien zurückzukehren. Mit seiner Familie reist er nach Palma de Mallorca und findet dort Unterschlupf bei seiner Schwester.

1941
Lebt mit der Familie unter größter Geheimhaltung in Palma. In New York erste große Miró-Ausstellung im Museum of Modern Art.

1942/43
Rückkehr nach Barcelona. Dort und in Montroig, wo Miró die Sommermonate verbringt, entstehen zahlreiche Arbeiten auf Papier, Aquarelle, Gouachen und Zeichnungen zum Thema ›Frau, Vogel, Stern‹.

Der Maler und seine Tochter Dolores, 1948

Im Atelier in Barcelona, 1945

1944
Am 27. Mai stirbt die Mutter. Miró beginnt in der Werkstatt seines Freundes Llorens Artigas in Barcelona mit ersten keramischen Werken.

1947
Auftrag einer 3 x 10 Meter großen Wandmalerei für das Plaza-Hotel in Cincinnati. Erster mehrmonatiger Aufenthalt in New York. Lernt dort auch Jackson Pollock kennen und trifft mit alten Freunden zusammen: Calder, Duchamp, Tanguy, Sert, Edgar Varèse. Erster Film über Miró von Thomas Bouard.

1948
Rückkehr nach Paris. Lernt Aimé Maeght kennen,
der künftig das Werk Mirós regelmäßig in seiner
Galerie ausstellt. Erste Farblithographien in der
Druckerei Fernand Mourlot. Erstes Buch mit René
Char. Lernt in Paris den jungen katalanischen
Künstler Antoni Tàpies kennen.

1949-51
Retrospektive in der Kunsthalle Bern. Vierundzwanzig Farblithographien für das Buch ›Parler
seul‹ von Tristian Tzara. Wandmalerei für die
Harvard University.

1954/55
Großer Preis für Graphik bei der Biennale von
Venedig. Museumsausstellungen in Krefeld, Stutt-
gart und Berlin. Im neuen Atelier von Artigas in
Gallifa entstehen weitere keramische Arbeiten.
Mit sechs Bildern auf der ›Documenta‹ in Kassel
vertreten.

Miró und seine Frau Pilar, um 1950

1956
Erhält Auftrag, für das neue Unesco-Gebäude in
Paris zwei große keramische Wandarbeiten herzu-
stellen. Läßt sich endgültig auf Mallorca nieder
und bezieht dort sein von Sert entworfenes neues
Atelier. Retrospektiven in Brüssel, Amsterdam,
Basel.

1957/58
Retrospektive des graphischen Werks in Krefeld,
Berlin, München, Köln, Hannover und Hamburg.
Illustriert mehrere Gedichtbände (René Crevel,
Jacques Dupin, Paul Eluard).

1959
Zweite Reise nach New York. Retrospektive seines
Werks im Museum of Modern Art und danach im
County Museum in Los Angeles. Erhält den Großen
Preis der Guggenheim Stiftung. Ist zum zweiten
Mal auf der ›Documenta‹ in Kassel vertreten.
Es erscheint das Album *Konstellationen* mit Ge-
dichten von André Breton.

1960
Keramische Wandmalerei für die Harvard
University.

1961
Triptychon *Les trois bleus*. Monographie Mirós
von Jacques Dupin. Dritte Reise Mirós in die Vereinigten Staaten.

1962/63
Retrospektive im Musée National d'Art Moderne
in Paris. Zweites großformatiges Triptychon: *Malerei für einen Tempel*.

1964/65
Beendet 13 monumentale Skulpturen für die Fondation Maeght in Saint-Paul-de-Vence. Wandkeramik für die Handelsschule von Sankt Gallen.
Retrospektive in Zürich und London.

1966
Erste Reise nach Japan aus Anlaß einer Retrospektive
in Tokio. Erste monumentale Skulpturen in Bronze.
Graphikserie zu ›Ubu roi‹.

1967
Großer Preis für Malerei der Carnegie Foundation
in Pittsburgh. Keramikwand für das Guggenheim
Museum in New York.

1968
Große Ausstellung in der Fondation Maeght, im
Alten Hospital von Santa Creu in Barcelona und
im Haus der Kunst in München.

1969

Letzte Reise nach Japan aus Anlaß der internationalen Ausstellung in Osaka.

1970

Monumentale Keramikwand (10 x 50 m) für die Fassade des Flughafens von Barcelona. Graphikserien zu Buchpublikationen von Dichtern.

1971

Keramikwand für das Kunsthaus in Zürich. Ausstellung des plastischen Werks im Walker Art Center von Minneapolis, im Cleveland Art Museum und Art Institut von Chicago.

1972

Retrospektive des plastischen Werks im Kunsthaus Zürich. Große Ausstellung im Guggenheim Museum in New York. Erste Tapisserien.

1973

Malt auf verbrannte und durchlöcherte Leinwände. Ausstellung der Skulpturen in der Fondation Maeght. Lithographien für ›Oda a Joan Miró‹ von Joan Brossa.

Miró mit Pablo Picasso und seinem Enkel David, 1969

1974

Große Ausstellung im Grand Palais in Paris. Ausstellung des graphischen Werks und der illustrierten Bücher im Musée d'Art Moderne de la Ville in Paris. Mehrere Graphikserien zu Buchpublikationen befreundeter Dichter. Triptychon *Hoffnung eines zum Tode Verurteilten*. Malt auf alte Bilder, die er auf dem Pariser Flohmarkt findet.

1975

In Barcelona wird die Miró-Stiftung eröffnet. Sie besitzt ca. 200 Gemälde, 50 Skulpturen und 5000 Zeichnungen und Graphiken. Zahlreiche Buchillustrationen.

1976

Große Ausstellung mit Zeichnungen in der Miró-Stiftung. Einweihung der Bodenkeramik Rambla Santa Monica in Barcelona. Wandkeramik für das IBM-Gebäude in Barcelona und das Wilhelm-Hack-Museum in Ludwigshafen. Realisiert drei Glasfenster für die Kapelle Saint-Frambourg in Senlis. Sechs weitere Fenster werden nach Entwürfen des Künstlers ausgeführt.

1977

Wandmosaik für die Universität von Wichita, USA. Entwirft zwei Vorhänge und die Großmarionetten für das Theaterstück ›Mori el Merma‹. Uraufführung am 7. März in Palma. Weitere Aufführungen in Barcelona, Berlin, Rom, Belgrad, Paris und Saint-Paul-de-Vence.

Mit Alexander Calder im *Labyrinth* in Saint-Paul-de-Vence, 1969

1978

Retrospektive der Malerei Mirós im Museo de Arte Contemporáneo in Madrid. Ausstellung von 100 Skulpturen im Musée d'Art Moderne de la Ville de Paris. Ausstellung mit späten Zeichnungen im Centre Pompidou in Paris. In La Défense in Paris wird die monumentale Skulptur *Couple d'amoureux aux jeux des fleurs d'amandiers* aufgestellt.

1979

Glasfenster für die Fondation Maeght. Zeichnungs-Ausstellung in der Hayward Gallery in London. Retrospektive in Florenz, Siena und Prato. Seit Ende 1979 arbeitet er nicht mehr in seinen Ateliers, sondern zeichnet nur noch in seinem Wohnhaus.

1980

Keramikwand für das neue Kongreßzentrum in Madrid. Ausstellung in der Universität in Saint Louis und im Hirshorn Museum in Washington. Retrospektive in Mexiko und Caracas.

1981

In Venedig wird das Ballett ›Uccello luce‹ mit den Bildentwürfen und Kostümen Mirós aufgeführt. Monumentalskulptur *Miss Chicago* in Chicago.

1982

In Houston, Texas, wird die große Skulptur *Figuren und Vögel* aufgestellt, in Barcelona die Skulptur *Frau und Vogel* im ehemaligen Park Escarchador, der später in Park Joan Miró umbenannt wurde. Ausstellung im Museum of Fine Arts in Houston. Große Ausstellung in der Miró-Stiftung in Barcelona.

1983

Miró stirbt am 25. Dezember in seinem Haus in Cala Mayor auf Mallorca.

1992

Die noch zu Lebzeiten Mirós gegründete Stiftung Pilar und Joan Miró wird auf dem Grundstück in Cala Mayor eröffnet.

Photoporträt des Künstlers
von Joaquim Gomiz von 1956

Werkverzeichnis

Geordnet nach der Reihenfolge im Text

Palma de Mallorca, *Mole mit Barken*, 1906
Kohle auf Papier, 14,6 x 21,9 cm
Fundació Joan Miró, Barcelona
Seite 8

Palma de Mallorca, *Castell de Bellver*, 1906
Kohle und Farbstift auf Papier, 14,6 x 21,9 cm
Fundació Joan Miró, Barcelona
Seite 9

Aidez l'Espagne, 1937
Plakat, 25 x 20 cm
Publiziert in ›Cahier d'art‹
Seite 11

Stierkopf, 1975
Bronze, 32 x 36 x 22 cm
Sammlung M. und Mme. Adrien Maeght, Paris
Seite 16

Frau und Vogel, 1967
Bemalte Bronze,
260 x 85 x 48 cm
Privatsammlung, Paris
Seite 22

Tonpfeifenfiguren (Xiurells), 1972, Terracotta
Privatsammlung Paris
Seite 24

Frauen, vom Flug eines Vogels umkreist, 1941
aus der Serie ›Konstellationen‹
Mischtechnik auf Papier,
46 x 38 cm
Sammlung Elisa Breton, Paris
Seite 32

Tänzerin lauscht dem Orgelspiel in einer gotischen Kathedrale, 1942-45
Öl auf Leinwand, 195 x 130 cm
Fukuoka City Art Museum
Seite 33

Selbstporträt, 1937/60
Öl und Bleistift auf Leinwand, 146 x 97 cm
Fundació Joan Miró, Barcelona
Seite 34

Person in einer Landschaft nahe einem Dorf,
Übermalung eines alten Landschaftsbildes, 1965
Öl auf Leinwand, 73 x 103 cm
Privatsammlung
Seite 35

Das Gold des Azur, 1967
Öl auf Leinwand, 205 x 175 cm
Fundació Joan Miró, Barcelona
Seite 36

Gedicht I, 1968
Öl auf Leinwand, 205 x 174 cm
Fundació Joan Miró, Barcelona
Seite 37

Silence, 1968
Öl auf Leinwand, 174 x 244 cm
Fundació Joan Miró, Barcelona
Seite 38

Buchstaben und Chiffren von einem Funken angezogen I, 1968
Öl auf Leinwand, 145 x 114 cm
Fundació Joan Miró, Barcelona
Seite 39

Frau vom Flug eines Vogels in der Nacht umgeben, 1968
Öl auf Leinwand,
337 x 337 cm
Fundació Joan Miró, Barcelona
Seite 40

Mai 1968, 1973
Acryl auf Leinwand,
200 x 200 cm
Fundació Joan Miró, Barcelona
Seite 41

Frau vor der Sonne, 1974
Öl auf Leinwand, 260 x 195 cm
Fundació Joan Miró, Barcelona
Seite 42

Frau vor dem Mond, 1974
Öl auf Leinwand, 269 x 174 cm
Fundació Joan Miró, Barcelona
Seite 43

Triptychon: Feuerwerk I, II, 1974
Öl auf Leinwand,
292 x 195 cm (je Tafel)
Fundació Joan Miró, Barcelona
Seite 44/45

Triptychon: Hoffnung eines zum Tode Verurteilten I, II, 1974
Öl auf Leinwand,
270 x 354 cm (je Tafel)
Fundació Joan Miró, Barcelona
Seite 46-47

Ohne Titel, ohne Datum
Öl und Kohle auf Leinwand,
215 x 173,5 cm
Fundació Joan Miró, Barcelona
Seite 48

Anmerkungen

1 Alexander Calder hatte als einziger nichtspanischer Künstler im spanischen Pavillon ausgestellt. Mit seinem *Quecksilberbrunnen* spielte er auf die wirtschaftliche und politische Bedeutung der großen Quecksilbermine von Almadén an. Als wichtiger Industriezweig war Almadén im Spanischen Bürgerkrieg heftig umkämpft. Als das Werk entstand, verteidigten noch die Republikaner die Stadt gegen die aufständischen Truppen Francos. Somit stellte dieser *Quecksilberbrunnen* aus Almadén so etwas wie eine Flagge der Republikaner dar.

2 Aus dem Interview mit dem katalanischen Kunstpublizisten Lluís Permanyer in *Gaceta ilustrada*, 1978. Miró äußert sich darin zu 10 Werken, die repräsentativ für rund 40 Jahre Werkentwicklung sind. Zitiert nach: Margit Rowell, *Joan Miró, Selected Writings and Interviews*, Boston 1986, S. 293.

3 Zitiert nach *Margit Rowell*, o. a., S. 161-162.

4 Zitiert nach *Margit Rowell*, o. a., S. 190.

5 Josep Meliá, *Los Mallorquines*, Madrid 1968.

6 Das Wort kommt aus dem arabischen ›atalayi‹ und heißt Wache. Vgl. dazu Hans Strelocke, *Mallorca, Menorca*, Köln 1994, S. 14.

7 Zitiert nach *Margit Rowell*, o. a., S. 248.

8 »Un siurell està carregat de magnetisme«. Zitiert nach: *Joan Baixas*, in: ›Miró en escena‹, Ausst.-Kat., Fundació Joan Miró Barcelona 1995, S. 232.

9 Aus Arbeitshefte 1941-42. Zitiert nach *Margit Rowell*, o.a., S. 176.

10 1949 erschienen drei Monographien: von Alexandre Cirici-Pellicer, Joan-Eduardo Cirlot und Clement Greenberg. 1961 folgte als erste Monographie in deutscher Sprache das inzwischen erweiterte Standardwerk zu Miró von Jacques Dupin. Es gehört zur unverzichtbaren Miró-Literatur wie die *Gesammelten Schriften*, deren erstem Teil (Zürich 1958) Margit Rowell 1986 mit den *Selected Writings and Interviews* eine erweiterte und verbesserte amerikanische Ausgabe folgen ließ.

11 Interview von Rosamond Bernier mit Joan Miró, in *L'ŒIL*, Paris 1961. Zitiert nach *Margit Rowell*, o. a., S. 257

12 Interview von Rosamond Bernier mit Joan Miró in *L'ŒIL*, Paris 1961.

13 *L'ŒIL*, Paris 1961.

14 Zitiert nach Pere A. Serra, *Miró und Mallorca*, Barcelona 1986, S. 241 ff.

15 Aus dem Interview mit Denys Chevalier, *Aujourd'hui: Art et Architecture*, Paris, November 1962. Zitiert nach *Margit Rowell*, o. a., S. 271.

16 *Mein letztes Werk ist eine Mauer*, in: ›Derrière le miroir‹, Paris, Juni-Juli-Heft 1958. Zitiert nach *Margit Rowell*, o. a., S. 243.

17 Vgl. dazu den Bildband *España oculta* von Christina García Rodero, Barcelona/Madrid 1989.

18 *Miró en escena*, o. a., S. 353.

19 Seit 1978 ist Spanien eine parlamentarische Monarchie.

20 *Miró en escena*, o. a., S. 232.

21 Miquel Forteza schreibt im Vorwort zu seinem Buch *Els descendents dels jueus conversos de Mallorca* (Palma 1966): »Es kann sein, daß ich Partei ergreife, nicht nur, weil ich in meinem eigenen Blut den ganzen Schrecken einer ungerechten und grausamen Verfolgung gespürt habe, sondern auch weil ich als Mallorquiner vor den Tatsachen nicht indifferent bleiben kann, die in den letzten drei Jahrhunderten unsere Insel entehrt haben.« Auf diese Mißstände wies auch Josep Meliá hin. In seinem Buch *Los Mallorquines* (Madrid 1968) zitiert er alte Dokumente, die jene Diskriminierung zum Thema haben, und erwähnt, daß trotz Verordnungen der Zentralregierung im 19. Jahrhundert die Integration und Assimilation nur sehr langsam verlief. Selbst im 20. Jahrhundert, so Meliá, sollten noch immer Reste dieser Diskriminierung bestehen.

22 Vgl. dazu Rosa Maria Malet, *Joan Miró*, Stuttgart 1984, S. 29.

23 Alfred Jarry, Œuvres complètes, Paris 1972, S. 668.

24 Auf dem Friedhof am Montjuïc sind auch Mirós Eltern begraben.

25 Die Zahl erklärt sich aus den vielen Zeichnungen, Skizzen und Arbeitsheften.

26 Die Römer hatten auf dem Berg ein Heiligtum zu Ehren Jupiters errichtet. Der Name Montjuïc leitet sich also möglicherweise aus der Bezeichnung Mons iovis ab. Eine andere Theorie besagt, daß sich dort ein früher jüdischer Friedhof befand und der Name Judenberg bedeutet.

27 Das Modell aus dem Jahr 1968 (Bronze und Zement, 375 x 94 x 94 cm) ist ein Geschenk der Galerie Pierre Matisse an die Stiftung.

28 Palma hat rund 300.000 Einwohner.